EMILIO CARRILLO

LOS TEMPLARIOS
SU SABIDURÍA Y SECRETOS

SU PRESENCIA EN LA MAYOR ENCOMIENDA
DE LA PENÍNSULA IBÉRICA
Y EN LAS COSTAS ATLÁNTICAS

ÍNDICE

INTRODUCCIÓN 11

CAPÍTULO I. ASPECTOS FUNDAMENTALES DE LA HISTORIA DE LA ORDEN DEL TEMPLE 15

La protohistoria templaria 15
Nacimiento y consolidación de una organización dual 20
Hugo de la Champagne: un enigmático personaje 27
Configuración de los saberes templarios 29
La disolución de la Orden templaria 36
La supervivencia del Temple más allá de la persecución y la disolución oficial 39

CAPÍTULO II. SOBRE LA SABIDURÍA Y LOS SECRETOS TEMPLARIOS 43

Seguidores de Cristo Jesús 43
La Copa de Caballería o... ¿el Grial? 45
La Casta de los Levitas, custodios de la Tradición 48
Una tradición de Sumos Sacerdotes 50
Los "iniciados" dentro de la Orden 52
Conocimientos metafísicos 56
Secretos iniciáticos 62
El Documento Q 63
Las curiosas señas básicas de identidad del modelo geoestratégico templario 70

CAPÍTULO III. LA SIERRA DE HUELVA Y EL BAYLIATO DE JEREZ 73

Apuntes sobre la protohistoria comarcal de la sierra de Aracena y los Picos de Aroche 73
La red de castillos serranos 75
Heterogeneidad en tiempos y protagonistas 78
Conflictos entre los conquistadores 80
El control castellano-leonés y las secuelas de los litigios 83
El Bayliato de Jerez de los Caballeros y el Fuero del Baylío 84
La conformación del Bayliato de Jerez 85
Una posesión azarosa 88

CAPÍTULO IV. EL MODELO GEOESTRATÉGICO TEMPLARIO Y SU PLASMACIÓN EN EL EJE BADAJOZ-HUELVA-SEVILLA 91

La conquista del Reino de Sevilla 91
El último reino templario 94
Un priorato templario de la ciudad de Sevilla 97
Repartimiento del Reino de Sevilla y nuevas posesiones del Temple ... 100
Las exactas equidistancias entre las posesiones templarias en el eje Badajoz - Huelva - Sevilla 102
La isla de Saltés 103
La Rábida 105
La prioridad por la salida al Atlántico en detrimento de la presencia en la serranía onubense 107
Sobre el origen templario del castillo de Cortegana 109
El Castillo de Cortegana y el Monasterio de La Rábida 114
Un templario, primer arzobispo de Sevilla 117
Constatación práctica del *modelo geoestratégico templario* 123

CAPÍTULO V. DEL TEMPLE DE PARÍS AL CASTILLO DE JEREZ Y LA RÁBIDA: EL SANTO GRIAL Y LA LLEGADA DE COLÓN A AMÉRICA 125

El Santo Grial y el misterio de la transubstanciación 125
Los custodios 127
Los dos convoyes que abandonaron París poco antes del asalto al Temple 128
¿Cuál era el verdadero? 130
Un largo asedio bien aprovechado 131
El "Descubrimiento" 132
El misterio de la flota templaria 134
El oro templario 135
La Cruz Patada en las velas de las carabelas y la carta de Hernán Cortes 138

BIBLIOGRAFÍA 141

A Fr. Juan Bechao, por su heroicidad, inteligencia, ejemplaridad y espiritualidad.
(Último Maestre del Temple en Jerez de los Caballeros, cuyo castillo, principal enclave del bayliato del mismo nombre, defendió hasta el último aliento en 1312)

INTRODUCCIÓN

El Bayliato de Jerez de Badajoz -hoy Jerez de los Caballeros- constituyó la mayor encomienda templaria de la Península Ibérica y una de las de superior extensión en Europa, pero los libros dedicados a la Orden le prestan escasa atención.

Tampoco se la conceden al hecho de que los documentos, reliquias y tesoros que salieron del Temple de París poco antes de su asalto en 1307 por las tropas del rey de Francia y el Papa, pudieron recalar en su itinerario de huida en el Castillo de Jerez, la principal fortaleza del Bayliato, lo que explica la heroica defensa de la plaza dirigida por Juan Bechao, maestre de la citada encomienda.

También se suele ignorar que, desde entonces, la Orden participó activamente en la conquista del Reino de Sevilla —actuales provincias de Cádiz, Huelva, Sevilla y parte de Málaga, así como algunas zonas del Algarve portugués- y que su participación en ella fue históricamente la última iniciativa de expansión territorial del Temple saldada con éxito, por lo que el de Sevilla, localizado en el corazón de Al-Andalus, puede ser denominado el "último reino templario".

Igualmente, ha pasado casi desapercibido que el modelo geoestratégico templario, descrito teóricamente por tantos autores (examen minucioso de las ventajas comparativas del territorio para fijar el emplazamiento exacto de sus dominios, uso de la geometría y de la reproducción de escalas en la ubicación de sus posesiones, equidistancia y causalidades numéricas entre ellas...), encuentra una espléndida plasmación práctica en la presencia de la Orden en el eje territorial Badajoz - Huelva - Sevilla, donde, además, se constata claramente la preferencia del Temple por recintos con raigambre espiritual y carga energética, como son, en el reseñado ámbito geográfico, La Rábida y la Isla de Saltés.

Finalmente, es común que se ignore el papel que estos dos enclaves pudieron tener en el origen del llamado "oro templario" -pilar indudable de la gran potencia económica que la Orden alcanzó- y, estrechamente ligado a esto, el probable conocimiento y uso por parte de la misma de rutas marítimas con el aún no "descubierto" continente americano, lo que sirvió de base a Cristóbal Colón para diseñar el viaje al "nuevo mundo" durante su estancia en La Rábida 170 años después de la disolución del Temple.

Pues bien, la indagación sobre asuntos tan apasionantes y poco analizados conforma precisamente el hilo conductor de las páginas que siguen, barajando hipótesis y planteando conclusiones que, sin duda, sorprenderán al lector, pero que se formulan con rigor, de manera fundamentada y acompañadas del examen de interesantes cuestiones relativas a la historia de la Orden, su sabiduría y sus secretos. No en balde, el autor cuenta con un amplio bagaje de investigación sobre la misma, plasmada en libros como *Los códigos ocultos* (RD Editores, 2005), *La Orden del Temple: un nuevo descubrimiento* (Ituci Siglo XXI, 2009) y *El último reino templario* (Ediciones Guadalturia, 2012).

De este modo, el presente libro se estructura en cinco capítulos, dedicándose el primero a cuatro esferas principales de la historia del Temple: la protohistoria de la Orden, su nacimiento en la frontera entre los siglos XI y XII y su consolidación durante dos centurias cual organización dual (como se verá, con una faceta exterior y pública y otra interior y secreta); la configuración de los saberes que acumuló, que abarcan tanto aspectos espirituales como muy diversos documentos, reliquias y tesoros; el ataque y la disolución oficial, mediante bula papal, que sufrió entre 1307 y 1312; y su supervivencia más allá de tal hostigamiento y persecución.

El siguiente capítulo se centra en distintos contenidos de la sabiduría y los secretos templarios, como su estrecha vinculación con la figura de Cristo Jesús, la ligazón con una larga tradición sacerdotal previa a la existencia de la Iglesia Católica, la existencia de "iniciados" en el seno de la Orden, sus conocimientos metafísicos y secretos iniciáticos y las señas de identidad del curioso modelo geoestratégico que el Temple desplegó en la elección y fijación de sus asentamientos y posesiones territoriales.

Con base en todo lo anterior, el capítulo III sirve para comenzar a aterrizar en el ámbito geográfico del Bayliato de Jerez de Badajoz y su interno más inmediato: la serranía onubense. Para esto, se examinan dos grades cuestiones: por un lado, en lo que a la citada serranía se refiere, la red de castillos que se extendieron por ella, la heterogeneidad en tiempos y protagonistas de la llegada cristiana a la zona tras medio milenio de dominio musulmán y los conflictos y litigios que surgieron entre los conquistadores; y, por otro, en lo relativo al Bayliato, su proceso de conformación y su caracterización como una posesión azarosa al estar siempre sometida a tensiones de diversa índole.

A continuación, el capítulo IV, analizando el papel de Temple en la conquista del Reino de Sevilla y las nuevas posesiones que la Orden consigue tras el repartimiento del mismo, se detiene en las exactas equidistancias entre las ubicaciones templarias que así quedan definidas a mitad del siglo XIII en el eje Badajoz – Huelva - Sevilla, en la prioridad que la Orden concedió a tener una salida al Atlántico en el suroeste peninsular en detrimento de la presencia en la serranía onubense y en la singularidad de ciertas localizaciones que el Temple logra, como la Isla de Saltés, La Rábida y el castillo de Cortegana. Es este un conjunto de datos y consideraciones que harán factible la constatación práctica en el mencionado eje territorial del *modelo geoestratégico templario*.

Por último, el capítulo V culmina el libro proporcionando tanto información como reflexiones alrededor de dos asuntos transcendentes: el papel desempeñado por el Bayliato de Jerez en la protección y puesta a salvo del convoy con documentos, reliquias y tesoros, con especial mención al Santo Grial, que escapó del Temple de París poco antes del asalto del mismo por los soldados del rey Felipe V y del papa Clemente V; y las notables pistas que los emplazamientos templarios en las costas onubenses aportan acerca de la procedencia del célebre "oro templario" y las posibles conexiones del Temple con el continente americano mucho antes del "descubrimiento".

CAPÍTULO I
ASPECTOS FUNDAMENTALES DE LA HISTORIA DE LA ORDEN DEL TEMPLE

La protohistoria templaria

Para adentrarse en el comienzo de la historia de la Orden del Temple hay que remontarse a dos linajes: por un lado, el de los descendientes de Jesús de Nazaret y María Magdalena; y, por otro, el de la dinastía merovingia. No obstante, antes de compartir acerca de ellos, hay que referirse a la conocida hoy como "Primera Cruzada" (1096-1099), convocada en 1095 por el Concilio de Clermont, presidido por el papa Urbano II. Su finalidad no fue otra, en principio, que socorrer a Bizancio, amenazada por los turcos selyúcidas, y tuvo como jefe al francés Godofredo de Bouillon, duque de Baja Lorena y Lothier.

Bajo el mando de Godofredo, en 1098, su hermano Balduino de Flandes conquistó Edesa -la actual Urfa, al sureste de Turquía-, convirtiéndola en capital del primer "Estado latino" (el nombre de *francos* o *latinos* designaría a los Estados formados por los cruzados en Oriente, así como a sus habitantes de origen occidental, por oposición a los del Imperio bizantino, llamados *griegos*, o a los musulmanes). No obstante, Godofredo de Bouillon planteó la meta, no prevista inicialmente, de tomar Jerusalén, lo que consiguió el 15 de julio de 1099 -las crónicas señalan que los cruzados masacraron indiscriminadamente a musulmanes y judíos-. Se constituyó, así, el reino de Jerusalén, del que el noble francés rehusó ser monarca, prefiriendo ser nombrado "Protector del Santo Sepulcro".

Godofredo de Bouillon tenía intereses tan concretos como ocultos para actuar de esta manera. Y tras la conquista de la Ciudad Santa fundó inmediatamente, en el más estricto sigilo, el llamado *Priorato de Sión*, que se ubicó en la abadía de Notre Dame del Monte Sión. El objetivo de esta orden o hermandad fue desde su inicio confirmar y proteger un gran secreto, que su familia había guardado de generación en generación, y poner los medios para que, en el momento adecuado, la verdad escondida saltara a la luz, con sus consiguientes consecuencias.

¿Cuáles eran los contenidos de semejante secreto? Pues que el cristianismo y la propia figura de Jesús de Nazaret que había llegado hasta aquellos días eran el resultado de la tergiversación y manipulación del mensaje y la figura originales. Y que Jesús unió a su colosal dimensión espiritual la condición de legítimo heredero al trono de Israel, lo que, procediendo de la estirpe de David, selló con su casamiento con una princesa del linaje de Benjamín, María Magdalena, con la que tuvo una descendencia –tres hijos, una hembra y dos varones- que se perpetuó, tras la huida de Palestina por la persecución romana, en el sureste de Francia, donde, con el paso del tiempo, emparentó con la realeza francesa de la Casa Merovingia.

¿Por qué Godofredo y su familia sabían estos secretos? Para responder a esta pregunta hay que detenerse en el origen y desarrollo del linaje merovingio, que se remonta a un pueblo germánico: el sicambro.

Dentro de los denominados *bárbaros*, los sicambros se incluían dentro de los francos y se asentaron en regiones de la Germania y la Galia aprovechando el declive del Imperio romano. Su origen remoto pudo hallarse en la antigua Grecia -esto explicaría el nombre de ciudades francesas como Troyes y París- y estaban convencidos de su ascendencia divina, pues creían proceder de un antepasado llamado Meroveo -de ahí lo de merovingios- que tuvo dos padres, uno hombre, el rey Clodión, y otro dios, un pariente de Neptuno. Este bagaje les sirvió para lanzarse a la conquista paulatina de los territorios franceses, forjando una leyenda de reyes-sacerdotes cuya fuerza residía en el cabello -se les calificó por ello de "reyes melenudos".

De entre sus monarcas, sobresalió la figura de Clodoveo, que reinó casi tres decenios (482 - 511) durante los que logró importantes éxitos militares y fortaleció el poder merovingio. En 486 derrotó al duque galorromano Siagrio, hijo de Aegidius, terminando con los escasos restos de la herencia imperial y conquistando París, donde ubicó la capital veinte años después. En 500 venció en Oucha a las burgundios, aumentando sus posesiones. Y en 507, en la batalla de Vouillé, aplastó a los visigodos del rey Alarico II, extendiendo sus dominios hasta los Pirineos.

Clodoveo contrajo matrimonio con Clotilde, sobrina del rey burgundio Gundebaldo, con la que tuvo tres hijos (Clodomiro, Childeberto y Clotario). Y bajo su influjo abjuró del arrianismo, convirtiéndose al catolicismo romano, a cambio de lo cual la Iglesia le confirió el título de "Novus Constantinus" y heredero del Sacro Imperio Romano. El bautismo del rey y 3.000 guerreros francos se produjo en Reims el 28 de marzo de 496, sentando el precedente de la investidura canónica de los soberanos franceses en la citada ciudad (se mantendrá, con raras excepciones, hasta Carlos X, en 1824) y dejando a Clodoveo como líder de los "católicos" frente a los soberanos arrios.

Al expandir sus señoríos hasta tierras pirenaicas, los merovingios entraron en contacto con los descendientes de Jesús y María Magdalena, que mantenían su influencia en el reino de Septimania -entre Nimes, Narbona y los Pirineos-, sobre el que los visigodos conservaron el control aún después de la derrota de Vouillé y lo afianzaron tras el llamado desastre de Carcasona, en 589, donde Gortrán de Borgoña perdió ante ellos.

Pero el referido contacto no derivó en mezcla de sangre hasta la segunda mitad del siglo VII, cuando el monarca merovingio Dagoberto II contrajo matrimonio, en segundas nupcias, con la noble Giselle de Razés, región cercana a Rénnes le Château. Dagoberto la conoció al haber establecido allí el cuartel general para recuperar su trono, que le había sido ilegítimamente arrebatado al poco de nacer, en 651, por Grimoald, un "mayordomo de palacio", una especie de valido.

Recobrado el trono, Dagoberto y Giselle tuvieron dos niñas y un hijo varón, Sigisberto, que personificó el arranque de una estirpe fruto de la unión entre los merovingios y los descendientes de la *sang real* o Santo Grial. Este fue un hecho de indudable calado y enormes consecuencias potenciales que provocó una rápida y violenta reacción auspiciada por las autoridades eclesiásticas.

De este modo, una oscura maniobra palaciega derivó en el asesinato del rey Dagoberto II -sorprendentemente, en 872 fue designado "santo" y sus restos reposan en la iglesia de Stenay- y la aniquilación de casi toda su familia. Solo Sigisberto consiguió furtivamente escapar gracias a la ayuda del judío Meroveo Levy, que le buscó refugio en

Rénnes le Château. Curiosamente, la toma después de estas tierras por parte de los árabes, que mantuvieron su presencia en estas zonas de la Galia hasta el año 759, contribuyó a que los descendientes de Sigisberto no sufrieran nuevas represalias por parte de la jerarquía católica.

Tras estos sangrientos sucesos, se acumularon acontecimientos que mantuvieron la ficción de una dinastía merovingia de reyes sin poder, detentado en realidad por "mayordomos de palacio", y que, finalmente, en 714, llevaron a Carlos Martel a inaugurar la llamada dinastía carolingia (Carlomagno, como tal, será rey único de los francos en 771). Sin embargo, los descendientes de Sigisberto eran, sin duda, legítimos herederos del trono galo. De hecho, el hijo de Dagoberto, protegido en tierras de Septimania, pasó a ser Sigisberto IV -se le otorgó el apelativo de "Plant Ard" (retoño ardiente)- y se casó con una hija del rey visigodo Wamba, surgiendo el linaje de los condes de Razès.

A esta línea pertenecieron los Blanchefort, que tendrán estrechas relaciones con cátaros y templarios, y, mucho antes, Guillem de Gellone, uno de los principales caballeros de Carlomagno y conde de Toulouse y Razès. Hasta su muerte, en 806, fue famoso su apego a las tradiciones hebreas, construyendo un santuario en honor a María Magdalena y creando una academia judía. Su descendencia desembocó en la Casa de Lorena y llegó hasta Hugues de Plantard y su hijo Eustache, primer conde de Boulogne, señor de Lorena y abuelo de Godofredo de Bouillon, el jefe de la "Primera Cruzada".

Nacimiento y consolidación de una organización dual

Con el fin de buscar datos y testimonios que acreditaran la verdad y la preservaran para el futuro, Godofredo de Bouillon, como ya se reseñó, dirigió la Cruzada hacia el destino no previsto de Jerusalén, conquistó la ciudad en 1099 y creó en ella la cofradía secreta del Priorato de Sión. Y, en paralelo, el embrión de una estructurada armada, la que sería la Orden del Temple, dirigida a proteger y profundizar en los saberes secretos heredados y en los que la indagación pudiera deparar.

Sus objetivos, por tanto, estaban claros y partían de un convencimiento derivado de los documentos y la tradición oral aportados por miembros de su propia familia y allegados, a lo que se había sumado nueva información, como por ejemplo, la traída a Europa, no muchos años antes, por la orden de los antonianos. Esta fue creada por san Antón, que era egipcio, y miembros de la orden cruzaron el Mediterráneo en busca de sus huesos, llegando antes que las Cruzadas a Tierra Santa y territorios adyacentes, donde contactaron con grupos cristianos que le aportaron datos sobre el verdadero Jesús y el arranque del cristianismo.

Tomada la firme decisión sobre la constitución de la indicada organización dual, su puesta en marcha recayó en unos pocos caballeros de la estricta confianza de Godofredo y sus más estrechos amigos y colaboradores. Entre estos destacó el noble y poderoso Hugo de Champaña (un próximo epígrafe se detendrá en tan insigne personaje), de cuyo condado era el papa Urbano II, crucial en el nombramiento de Godofredo como líder de la Cruzada.

Los primeros elegidos como cabeza de puente fueron los caballeros Hugues de Payns (1070-1136), vasallo precisamente del Conde de Champaña, y Godofredo de Saint Omer. Con ellos arrancó el Priorato de Sión y se puso, igualmente, la semilla de su brazo armado, la futura Orden del Temple. A los dos, pronto se sumaron otros siete: Andrés de Montabard, Archimbaldo de Saint Amand, Payen de Montdidier, Godofredo Bisol, Gondemar, Godefroy y Rossal.

Godofredo de Bouillon murió un año después de conquistar Jerusalén, en 1100, tras rechazar a los musulmanes en Ascalón Ago. El nombramiento de rey de Jerusalén recayó en su hermano, coronado como Balduino I, partícipe, igualmente, de los saberes y objetivos del Priorato de Sión. En su mandato (1100-1118) luchó para aumentar su Estado, aunque no logró proporcionarle unos sólidos cimientos administrativos, y apoyó la labor de Hugues de Payns y sus colaboradores. Esto mismo hizo su primo, Balduino II, quien le sucedió en el trono (1118-1131) y gozó de feudos como el ya citado condado de Edesa y el principado de Trípoli -fundado en 1109-, con la extraterritorialidad de las florecientes factorías venecianas y genovesas.

El propio Hugo de Champaña viajó a Tierra Santa en 1104 y 1108 para supervisar los trabajos de los nueve caballeros y llevar indicaciones de utilidad facilitadas por el abad Esteban Harding, que había tenido acceso a importantes documentos de la mano de los rabinos de la Champaña, en especial del mítico Rashi de Troyes. Por razones de discreción y seguridad, el grupo de caballeros ocultó sus auténticas metas bajo la idea de la protección a los peregrinos que se arriesgaban a viajar a Tierra Santa.

Con este disfraz, los dos Balduinos pusieron a su disposición una parte de su palacio, construido sobre las ruinas del Templo de Salomón: de ahí derivaría la posterior denominación de Orden del Temple. Concretamente, los caballeros se ubicaron en la zona de los establos porque era la más próxima al "Sanctasanctórum" o cámara sagrada del antiguo Templo, en cuyo subsuelo suponían que se ocultaban información y objetos -el Arca de la Alianza, entre ellos- fundamentales para constatar y ampliar sus conocimientos secretos. Igualmente, se les cedió la explanada del Templo, con las mezquitas que allí se ubicaban: la gran *Kubbat el Sakhra* o Cúpula de la Roca, la *Kubbat el Aqsa* y la pequeña y octogonal *Kubbat el Silsileh* o Cúpula de la Cadena.

Además de lo que encontraron bajo los restos del Templo, los caballeros se esmeraron, durante un largo tiempo de trabajo callado en Jerusalén, en establecer contactos y relaciones e intercambiar datos y documentos tanto con sectas cristianas -establecidas en Oriente Medio desde los tiempos de Jesús y no controladas por el Vaticano- como con otras judías e islámicas. Todo ello les sirvió para confirmar y aumentar sus saberes hasta el punto de que, manteniendo siempre en secreto la existencia del Priorato, en 1118 creyeron llegada la hora de conformar la Orden exterior y pública sobre la que articular la rama armada de aquel.

Fue entonces cuando adoptaron el nombre de Orden de los Pobres Caballeros de Cristo, tomando como emblema el *Beauséant*, la bandera formada por un rectángulo blanco y otro negro -representación de la dualidad secreto/pública, interior/exterior, una de las señas claves de la identidad templaria-. Y pocos años después decidieron buscar el reconocimiento oficial y comenzar su expansión económica y territorial, retornando a Europa en 1126.

A su regreso al viejo continente, los caballeros templarios contaron, obviamente, con el apoyo de aquellos que habían impulsado la constitución del Priorato de Sión y diseñado la creación de la propia Orden exterior como organización paralela. De su mano, transmitieron sus saberes acumulados a un reducido círculo de iniciados, entre los que destacó el muy prestigioso Bernardo de Claraval, el futuro san Bernardo, sobrino de Andrés de Montbart, uno de los nueve primeros caballeros templarios, que jugó un papel crucial en el nacimiento oficial y posterior expansión del Temple.

Bernardo (1091-1153) nació en Fontaine (Dijon) y fue el primer abad de Claraval (Clairvaux), monasterio en el que falleció y que él mismo fundó en 1115, en tierras donadas por el Conde de Champaña. Durante su vida, ejerció una influencia extraordinaria en la renovación religiosa y social de la época, llegando sus escritos místicos a ser patrimonio común en la Edad Media. Hizo florecer la orden cisterciense -a su muerte, el Cister poseía 350 casas, que se elevarían a 530 en 1200-, con base en la oración, la disciplina, la austeridad y la simplicidad hasta en la arquitectura, lo que provocó el conflicto entre Bernardo y la rica orden de Cluny. Pugnó también con el gran filósofo y teólogo francés Abelardo (1079-1142), autor de una doctrina de la abstracción precursora del tomismo. En la Semana Santa de 1146 y a petición del papa Eugenio III, al objeto de socorrer a Edesa, Bernardo predicó en Vezelay la Segunda Cruzada (1146-1149), que con resultados irrelevantes fue conducida por el rey francés Luis VII y el emperador alemán Conrado III.

Ante el recelo y la desconfianza con la que el papa Honorio II observó a los caballeros llegados a Europa, negándose a reconocer formalmente su organización, Bernardo forzó la convocatoria del Concilio de Troyes, que el 14 de enero de 1128 dio luz verde a la fundación oficial de la Orden de los Pobres Caballeros de Cristo y del Templo de Salomón. El propio Bernardo se encargó de redactar su Regla -con los cuatro principios básicos de pobreza, castidad, obediencia y consagración en cuerpo y alma a la conquista de Tierra Santa- y, en el año 1130, la Orden se convirtió en un ejército regular. Es más, el papa Inocencio II dictó en 1139 una singular bula, la *Omne datum optimum,* por la que se le otorgaban notables privilegios y un régimen autónomo, con jurisdicción propia, exención de impuestos y un ejército independiente de cualquier poder político o religioso. Ningún monarca o autoridad religiosa tuvo, desde ese momento, jurisdicción sobre la Orden del Temple, que pasó a depender directamente del papa.

A partir de entonces y a lo largo de casi dos centurias, el Temple incrementó sin cesar el número de sus componentes, amplió enormemente su presencia territorial, innovó en muchas áreas -por ejemplo, inventó lo que hoy conocemos como banca- y amasó una enorme riqueza. Y, por supuesto, tuvo una presencia activa en todas las Cruzadas -la octava y última acaeció en 1269-, acumulando en el campo de batalla tanto brillantes gestas como grandes derrotas. Entre las primeras, cabe recordar la salvación, en 1148, del rey francés Luis VII en el monte Kadmos; la participación en la victoria sobre Saladino en la batalla de Montgisard, en 1177; o la heroica reconquista de la ciudad de Damieta, en el delta del Nilo, en 1219. Entre las segundas, ninguna tan notable como la ya citada de 1291, con la pérdida ante los sarracenos de San Juan de Acre, donde fue aniquilada buena parte de la élite de la Orden.

Ahora bien, más allá de las apariencias y como se ha insistido, el Temple estuvo realmente conformado por dos órdenes: una exterior y pública, la Orden tal cual, que englobó a todos sus miembros; y otra interior, secreta y minoritaria ligada al Priorato de Sión. El núcleo de dirección de ambas fue exactamente el mismo hasta 1188, el año siguiente a la pérdida de Jerusalén por los cristianos cuando Gérard de Ridefort era Gran Maestre del Temple. Este suceso puso de manifiesto dos cosas: el riesgo de que contingencias imprevistas pudieran poner en entredicho el quehacer, la imagen y hasta la subsistencia de la organización; y la necesidad de que la dirección de la Orden externa, con personas conocidas y obligadamente sometidas a la crítica pública, incluida la de sus enemigos, fuera distinta a la de la Orden interior, pilotada por dirigentes secretos, y estuviera bajo el control de esta. Por ello, ambas direcciones fueron separadas, quedando la exterior bajo el mando de la interior. La idoneidad y utilidad de esta medida pudo ser confirmada 119 años más tarde, cuando se puso en marcha la persecución oficial del Temple sin que con ello se lograra la aniquilación de la organización.

En lo relativo a la estructura organizativa concreta, la Orden exterior asumió el modelo de monjes-guerreros, lo que es una evidencia más de la interconexión templaria con el mundo musulmán, pues tal fórmula venía siendo utilizada ya por diversos grupos islámicos, como los *al-Murabitun* (almorávides) o, incluso, la secta secreta ismaelita de los *hashashin* (fumadores de hashish o "asesinos"). Los primeros tuvieron su origen en un *ribat* (monasterio militar) de una isla de Senegal fundado en 1049 por Ibn Yasin (Abd Allah ibn Yassine), morabito integrista de Kariuán, y cuyos monjes eran reclutados en las tribus nómadas de beréberes saharianos. En lo relativo a la secta de los "asesinos", fue creada por Hassan ibn Sabah y tuvo su primer centro de operaciones en la fortaleza de Alamut (Persia), de la que se apoderaron en 1092, instalándose sólidamente después, a partir de 1150, en Siria, bajo la dirección de su gran maestre Rashid al-Din al-Sinan, llamado por los cruzados *el Viejo de la Montaña*.

Sobre este modelo, la Orden templaria exterior se organizó en una estricta jerarquía: el Gran Maestre, escogido por todos los caballeros de la Orden y que respondía ante un Consejo igualmente elegido por ellos; el senescal, lugarteniente del Gran Maestre, al que sustituía en las ausencias; el mariscal, jefe militar; los comendadores; los caballeros; los sargentos y "hermanos de armas"; los sirvientes; y, por último, las tropas auxiliares o "turpocoles". Eso sí, los templarios verdaderos eran solo los ligados a la Orden por los votos monásticos -llevaban el vestido y el manto blanco-, cosa que no ocurría con los que solo se integraban "a plazo fijo" -vestían un hábito de color oscuro, negro o gris parduzco-.

En cuanto a la reducida Orden interior, sus componentes conocían los secretos que impulsaron el arranque del Priorato y el Temple y los saberes esotéricos que, con el paso del tiempo, fueron acumulando. La máxima jerarquía de la Orden exterior pertenecía a la Orden interior y estaba supeditada a los criterios e instrucciones de esta, pero había importantes miembros de la alta dirección de la interior no ligados al Temple exterior por las decisiones ya referidas adoptadas en 1188.

Con este marco general, la organización templaria se basó en encomiendas, a modo de divisiones territoriales a lo largo de la amplia área geográfica en la que, paulatinamente, fue centrando su actividad. Cada una de ellas se responsabilizó de la gestión económica y administrativa de una zona, así como de su defensa. Mas una encomienda concreta, la de Nois, se diferenció del resto por carecer de esa entidad territorial. Y porque, tras su disfraz como mera división organizativa, escondió unos objetivos y una actividad muy peculiares: confirmar y proteger los reseñados saberes secretos y, a partir de ellos, estudiar los fundamentos del auténtico Dios, el de la Sabiduría, profundizar en el origen del Universo y el mundo e indagar sobre la condición humana, incluidas sus religiones y el nacimiento del cristianismo. De esta forma, la encomienda de Nois fue la "tapadera" de la Orden interior, del Priorato de Sión.

Hugo de la Champagne: un enigmático personaje

En la fundación de la Orden del Temple, un aspecto sobresaliente es, sin duda, el contenido esotérico. Y desde sus comienzos cabe destacar la figura histórica y muy singular del reiteradamente citado Hugo de Champagne, amigo del Císter y de Bernardo de Claraval.

Haciendo un sucinto resumen de su historia, podemos decir de él que fue uno de los nobles más importantes y conocidos del territorio que hoy es Francia. Peregrinó en tres ocasiones a Tierra Santa: en 1104, en 1114 y finalmente en 1126, poco antes del Concilio de Troyes. Lo más destacable y excepcional fue que durante esta tercera peregrinación dejó todas sus propiedades a la abadía y, ya en Jerusalén, ingresó en la Orden del Temple. De los nueve caballeros que se mantuvieron inamovibles en Jerusalén, el conde fue el único al que se le permitió ingresar en Tierra Santa; así que podría considerarse casi con certeza que Hugo de Payns y Hugo de Champagne debieron descubrir documentos importantes en Palestina entre 1104 y 1108. Y seguramente esta fue la causa original por la que se constituyó la Orden. Debieron pasar la información de sus descubrimientos al Priorato y este decidió que los caballeros debían seguir buscando más y, sobre todo, en aquel emplazamiento en el que estuvo ubicado el Templo de Salomón.

A partir de aquí todo cambió. Se le pidió al fundador y abad del cister, Etienne de Harding, que empleara a sus monjes en la traducción de textos hebraicos, incluso solicitando la ayuda de los sabios judíos de la Alta Borgoña. Resulta evidente que los manuscritos encontrados en Palestina debieron parecerles importantes y por ello querrían conocer sus contenidos. Para esto fue necesaria su traducción: un trabajo de inmensa extensión y profundidad que debió exigir el esfuerzo de muchos.

Una vez traducida parte de los textos y con datos ya más específicos, los templarios emprendieron la búsqueda del Arca de la Alianza, instalándose para ello en el emplazamiento ya indicado. Ellos solos ocuparon el inmenso subterráneo del Templo y se deduce que debieron hacer interesantes descubrimientos. Posiblemente, entre ellos estaría una gran parte de los objetos sagrados, desaparecidos a causa de los distintos saqueos que sufrió el Templo de Salomón durante siglos. Sin duda, el "sabio" rey Salomón pudo haber mandado construir un escondrijo (posiblemente en una cueva profunda) muy bien oculto y disimulado y posiblemente debajo del propio Templo, con el fin de evitar que fueran robados en caso de peligro. Cabe pensar que no debió ser de fácil acceso este lugar pues los nobles caballeros estuvieron durante nueve años empleados en esta búsqueda.

Configuración de los saberes templarios

Aunque se ahondará en ello en el próximo capítulo, hay que constatar aquí que los saberes que fueron acumulando el Priorato de Sión y la Orden del Temple -las dos caras, secreta y pública, respectivamente, de una misma organización- se plasmaron en tres grandes bloques estrechamente interrelacionados:

- La realidad sobre el cristianismo y la esencia del verdadero Dios de Moisés, llave del verdadero conocimiento o *gnosis*.
- La verdad histórica sobre la figura de Jesús de Nazaret, resaltando su esencia crística y su mensaje de Amor y desvelando la existencia de su descendencia física.
- La implementación de una ambiciosa estrategia para apoyar la evolución de las almas encarnadas en el género humano, cambiando el destino del mundo.

Por fuerza, todo ello se mantuvo al alcance exclusivo de una minoría de iniciados, mientras que la mayoría de los templarios continuaban creyendo en el Jesucristo manipulado a lo largo de los siglos por la Iglesia. El tan mencionado desprecio a la cruz, al que se obligaba a ciertos neófitos, alude a la ceremonia que servía a los ya iniciados para escoger nuevos miembros susceptibles de sumarse al Temple secreto; y, por supuesto, no se rechazaba con ello a Cristo Jesús ni a la cruz como tal, sino al uso torticero que se venía haciendo de esta, cual teórico símbolo de la necesaria resignación ante la creciente iniquidad ejercitada por los poderosos y la propia jerarquía eclesiástica.

Conscientes del auténtico origen del cristianismo, los templarios fueron juanistas y petritistas. Este es uno de los posibles significados de las dobles advocaciones que jalonan sus santuarios, los dos caballeros (Pedro y Juan) que comparten el caballo -la geminización templaria plasmada en el sello más famoso de la Orden, el *Sigillum Templi Xpisti*, si bien con ello recogían igualmente el mandado de Cristo Jesús a sus discípulos de desarrollar su labor yendo de dos en dos.

San Pedro, el santo templario por excelencia, sujeta en sus manos una llave de plata y otra de oro. La primera representa el Temple exterior y público. La segunda, en cambio, señala la existencia de un Temple interior y secreto. Estas llaves significan, igualmente, lo exotérico y lo esotérico, el conocimiento aparente y la sabiduría profunda. El Pedro templario fue especialmente san Pedro *ad Vincula*, esto es, "el encadenado", que sufre prisión, como Juan el Bautista. Uno y otro se asocian al signo de la Tau, porque son héroes sagrados. A escala simbólica, el Pedro de los templarios -también el de las órdenes que le dieron cobijo tras su disolución- se identifica con el Anciano de la Cábala: la sabiduría heredada. Los templarios, al abrazar la doctrina petrista, se hicieron "pedros" y, por eso, en una de sus ceremonias iniciáticas se rebajaban como el Pedro histórico y, como acto de humildad y contrición, negaban a Jesús tres veces.

En cuanto al Dios verdadero de los templarios, transciende del de los judíos y de la Iglesia de Roma. Es el Dios que Moisés conoció de los egipcios, el Todo revelado por Hermes: un Dios común para toda la humanidad, conocido por esta antes de la existencia de las *Escrituras* y que está en el origen de todas las religiones. Es el Dios único de la Sabiduría, que explica el origen y la naturaleza de cuanto existe y la enorme armonía y perfección de todo lo creado, incluida la vida humana y nuestro mundo, que ha sido pensado y querido para la felicidad y el amor. La adoración templaria del citado Anciano simboliza esta creencia en el Dios de la Sabiduría.

Estas doctrinas asociaron a los templarios con los cátaros, mostrando similitudes en pensamientos y principios a las que se unió el paralelismo temporal -el protagonismo cátaro se dio también entre los siglos XII y XIII- y la interconexión territorial, pues el catarismo se concentró en el Languedoc, en el sureste francés, esto es, en la zona vecina a donde se expandió la descendencia de Jesús y al lugar donde se fraguó intelectualmente el impulso del Temple.

El Languedoc constituía un espacio singular gobernado por varias familias nobles, la más importante la de Trencavel, que durante un tiempo quedó fuera del reino de Francia y donde floreció una rica cultura, un idioma propio y una significativa tolerancia religiosa. Un contexto en el que, en la primera mitad del siglo XII aparecieron una especie de predicadores que guardaban relación con otros que ya en el IX se movieron por tierras búlgaras y configuraron el movimiento bogomilo. A la peculiaridad de su estampa -barbudos, con hábitos negros o azul marino y ceñidor de cuerda, conviviendo en casas comunes, caminando de dos en dos, predicando a los humildes en los sitios que estos frecuentaban- sumaron un particular ideario.

En él se hablaba de fuerzas que encarnan el Bien (inmaterial) y el Mal (material) y de principios y prácticas, pobreza, no violencia, igualdad de las mujeres incluso al oficiar ritos, que presentaban indudables semejanzas tanto con el gnosticismo como con las creencias de los primeros cristianos. Esto explica la facilidad con la que sus teorías encajaron en esta zona del mapa galo, donde al cansancio que recorría Europa ante una Iglesia que hacía lo contrario de lo que predicaba se añadía una genuina tradición religiosa que entroncaba con Jesús y María Magdalena: entre las prácticas cátaras de iniciación estaba el *consolamentum*, por la que el ser humano adquiría consciencia de su alma divina y en la que se compartían los secretos de Jesús.

Así, estos misioneros contaron pronto con un gran apoyo popular y la gente los denominó *katharer*, un término de reminiscencias griegas que significa *puro*. No obstante, la Iglesia los llamó *albigenses*, por la importancia que adquirieron en la ciudad de Albi y otras limítrofes, y descargó sobre ellos toda su ira. El papa Inocencio III declaró una curiosa cruzada de cristianos contra cristianos que, a partir del año 1209, convirtió el Languedoc en un río de sangre. Los cátaros se hicieron fuertes en la fortaleza de Montségur y allí resistieron hasta 1244. Las encomiendas templarias de la región, que no fueron ajenas a la rápida propagación del catarismo, acogieron de buena gana a todos los que en ellas buscaron protección antes y después del asedio.

Y si se ha hecho referencia hasta aquí a los saberes e ideales templarios, hay que añadir a lo expuesto que el Priorato de Sión y el Temple interior creyeron imprescindible actuar para generar una dinámica consciencial y espiritual que, respetando el libre albedrío de cada cual, contribuyera a la preparación de las almas para afrontar los últimos tiempos de esta generación humana anunciados por Jesús y, llegados estos, ser semillas activas de una nueva humanidad regida por lo crístico y en la que reinaría la Paz universal en una Tierra Restaurada, sin enfermedades, ni muertes, ni injusticias de ninguna clase.

El objetivo consistió en facilitar el advenimiento de esa nueva humanidad mediante una práctica de vida individual y colectiva, personal y social, que adelantara y plasmara en lo posible sus principios y valores. Y ello con las enseñanzas de Cristo Jesús como pilar fundamental y sabiendo que en sentido contrario interfieren seres espirituales involutivos con Satanás al frente —en el próximo capitulo se abundará al respecto- y los seres humanos que los siguen.

En esta labor templaria se incluyó igualmente la paulatina instauración de la sinarquía: una forma de gobierno compartida por principies justos, cada uno de los cuales administra una parcela de la gestión pública y territorial con base en unos fundamentos inspirados por la razón y el Amor -pilares del Reino de Dios que traerá consigo la nueva generación humana- que transcienden las divisiones y conflictos mundanos entre religiones y países. Por esto, mantuvieron siempre lazos muy estrechos con importantes grupos de los otros credos abrahamánicos -judíos e islámicos- con los que compartían sus saberes secretos. Y concibieron un nuevo orden fruto de la unificación del Islam y el cristianismo con base en una idéntica creencia: el único Dios que se halla en la razón de ser de ambas religiones.

Para ello y para imponer las condiciones que lo hicieran posible, pasando por encima de los interesesególatras de reyes y papas, buscaron el inmenso poder del Santo Grial, de la Sábana Santa y, sobre todo, del Arca de la Alianza.

En lo relativo al Santo Grial, la copa usada por Jesús y sus apóstoles en la Última Cena, se tratará en capítulos posteriores.

Con relación a la Sábana o Síndone, su primer custodio fue Abgaro, rey de Edesa, que mantuvo correspondencia con el propio Jesús -así se puede constatar en los evangelios apócrifos y en la biblioteca del Vaticano- y que, tomando como modelo la imagen de Cristo en la Sábana, mandó dibujar un cuadro con su rostro. Cuando, mil años después, Godofredo de Bouillón conquistó Edesa, se hizo con la Síndone y la pintura, cosas ambas que pasaron a su hermano Balduino I, a Balduino II después y de este a la Orden del Temple. Para preservar el secreto de la posesión de tan singular reliquia, los templarios hicieron la copia que actualmente se muestra al público en la catedral de Turín. Igualmente, dibujaron copias de la pintura con el rostro de Jesús, distribuyéndolas por distintas encomiendas, de lo que derivó la acusación vertida contra los miembros de la Orden de adorar un ídolo pelirrojo.

En cuanto al Arca y sus *taboats*, se cuenta que Dios mismo dio a Moisés, en el Monte Sinaí, las indicaciones para construirla, estando representada también en la Mesa de Salomón. Mas su poder ha de ser activado por medio del "Shem Shemaforash", el "nombre secreto de Dios": "Y H V H", "YAHVÉ", pronunciado desde el fondo del corazón y de la mente, transcendiendo los sonidos silábicos y convertido en vibración pura, capaz de hacer que los taboats dentro del Arca se transformen en luz e imponente energía. En el arcaico y transcendente lenguaje de los números, "Y(a) H V(é)" se corresponde con la progresión "1, 2, 3", es decir, la serie que está en la raíz del Universo y explica cuanto existe: activo, pasivo, neutro; positivo, negativo, equilibrado; masculino, femenino, neutro; etcétera. La pronunciación de "YHVH" como "JEHOVA" comenzó a usarse en la Edad Media, al interponer entre las consonantes las vocales de "Adonai".

Históricamente, el Arca de la Alianza formó parte, junto a la Mesa de los Panes y el *Menoráh* (el candelabro de siete brazos), del tesoro que Salomón guardó en el Templo que el mismo ordenó construir en Jerusalén. Allí permaneció hasta la destrucción del recinto por los romanos, en el año 70, quienes trasladaron el tesoro al corazón de su Imperio. Centurias después, en 410, los "bárbaros" de Alarico arrasaron Roma y se hicieron con los preciados objetos, incorporándolos al llamado *Tesoro Antiguo* de los visigodos que, ya en el siglo VI custodiaron en la ciudad de Carcasona, en el sureste francés.

Desde este momento, se pierde el rastro cierto del Arca de la Alianza y las otras piezas. Y, dada su última localización conocida, bien pudieron pasar a manos de los templarios o de los cátaros. Concretamente, podía tratarse del tesoro que estos guardaron en el castillo de Montségur y que pusieron a salvo poco antes de su toma por los sicarios del papa, protegiéndolo en alguna encomienda del Temple. De este modo, el Arca pasó a formar parte del mítico tesoro templario.

No obstante, el cronista árabe Aben Adhari relató que el tesoro, o al menos parte de él -probablemente la Mesa, aunque no el Arca-, fue trasladado por los visigodos a Toledo, su capital en la península ibérica. Allí lo encontraron los musulmanes cuando tomaron la ciudad en el siglo IX, decidiendo su traslado a tierras más seguras del sur peninsular o del norte de África. Mas parece que en el itinerario ocurrió algo que hizo aconsejable preservarlo en tierras de Jaén, donde aún seguía cuando tuvo lugar la conquista cristiana del denominado Santo Reino. Todo ello enlaza con la enigmática historia de Alonso Suárez de la Fuente del Sauce, presidente del Consejo de Castilla por designación de Isabel la Católica y obispo de Mondoñedo, Lugo y Jaén, a donde llegó en el año 1500 y se quedó para siempre, dejando una herencia iniciática cuyo mejor testigo es la catedral gótica jienense.

La disolución de la Orden templaria

Por todo lo compartido, el Temple cuestionaba en su esencia el régimen de autoridad imperante, con reyes egoístas, egocéntricos y, a menudo, violentos, y una jerarquía eclesiástica pervertida, lasciva y avariciosa. Esto no quita que tuvieran buenas relaciones o incluso apoyaran a monarcas y pontífices si los percibían más nobles y cercanos a los objetivos templarios. Es más, la Orden no se planteaba luchar contra los estamentos de poder de la época, que consideraba caducos y llamados a la auto-destrucción, y centraba sus energías en buscar vías y alternativas para avanzar en la creación de una nueva realidad. Aun así, era obvio que el Temple disentía intrínsecamente del sistema establecido, lo que, inevitablemente, antes o después, haría que la Iglesia y las distintas coronas arremetieran contra él. Por tanto, estaba más que justificado que en su interior se constituyera, como se ha enunciado, una sociedad secreta con maestros ocultos, enseñanzas esotéricas y objetivos confidenciales.

Y los peores presagios se cumplieron cuando, efectivamente, el viejo mundo atacó al Temple para forzar su disolución y apropiarse de sus documentos, reliquias y tesoros. El papa Clemente V y el rey francés Felipe IV el Hermoso fueron las cabezas visibles de la operación.

Para comprender en toda su entidad la actuación de ambos es importante recordar la dura confrontación de Felipe, sumamente ambicioso, con el pontífice que precedió a Clemente, el italiano Bonifacio VIII (Benedetto Gaetani). Bonifacio VIII llegó al papado a finales de 1294 y ocho años después dictó la bula *Unam sanctam*, que los historiadores consideran una de las declaraciones de supremacía espiritual más fuerte jamás hecha por el papado, en detrimento del poder de los reyes. No obstante, el enfrentamiento con Felipe IV ya venía de antes, pues en 1301 Bonifacio había promulgado otra bula, *Ausculta fili* (*Escucha, hijo*), en la que reprueba al monarca galo. Ante ello, este puso en marcha el llamado *atentado de Anagni*: el 7 de noviembre de 1303, Guillermo de Nogaret, secretario y hombre de confianza de Felipe, fue enviado por este para notificar al papa, reteniéndolo con brutalidad, de que tendría que comparecer ante un concilio. Y, aunque caballeros romanos liberaron al pontífice, este murió por la fuerte impresión. Así, en 1305, el poder de Felipe IV posibilitó que accediera al papado el francés Clemente V (1305-1314). Su vinculación al rey galo llegó a ser tan estrecha que hasta abandonó Roma en 1309, fijando su sede en Aviñón. La residencia de los papas en esta ciudad fue llamada por los italianos *cautiverio de Aviñón*, llegando a su fin en 1378, aunque dos antipapas se mantuvieron allí hasta 1408.

Con este telón de fondo, Clemente y Felipe barruntaron primero y ejecutaron después la idea de hacerse con los tesoros y secretos templarios, aunque el rey, para colmo, mantenía una fuerte deuda bancaria con la orden. La complicidad en esto del papa -única autoridad de la que dependía el Temple- también estaba motivada porque el Vaticano y la globalidad de la cúpula eclesiástica recelaban ante el poder templario y sentían la amenaza de los saberes que acumulaban, ansiando hacerse con los documentos que socavaban su autoridad jerárquica y deslegitimaban su Iglesia. Esta conjunción de factores derivó, finalmente, en la disolución de la Orden exterior y en la implacable persecución de sus miembros, acusados de herejía, por las autoridades civiles y religiosas.

Concretamente, el viernes 13 de octubre de 1307 -en la cultura moderna persisten los ecos de la tragedia, a través de la mala suerte asociada en muchos lugares al viernes- fue la fecha elegida para que aflorara una compleja trama que conllevó la detención, tortura y ejecución de un elevado número de caballeros templarios y la incautación de todas las propiedades de la Orden. El 3 de abril de 1312, la bula *Vox clamantis* disolvió formalmente la Orden del Temple, transfiriendo sus bienes a otras ordenes religiosas, fundamentalmente a los Hospitalarios. Y el 18 de marzo de 1314 fueron quemados vivos el gran maestre de la Orden exterior, Jacques de Molay, y su Comendador, Geoffroy de Charnay. Se cuenta que Molay, en la pira de ejecución, anunció unos plazos cercanos, que se cumplieron escrupulosamente, para el fallecimiento tanto del rey Felipe como del papa Clemente.

No obstante, el Priorato de Sión fue advertido con antelación de la conspiración que se preparaba contra el Temple. Y sabedor de que la operación era imparable, tuvo tiempo, antes de su ejecución, como se mostrará en el capítulo V, para poner a salvo los documentos, reliquias y tesoros ansiados por Clemente V y Felipe IV. Por ello, los soldados de este, encabezados por Guillaume de Nogaret, no hallaron nada cuando registraron la sede central del Temple en París.

La supervivencia del Temple más allá de la persecución y la disolución oficial

Lo cierto es que bajo la dirección del Priorato de Sión la Orden consiguió salvar su mayor riqueza, que no estaba formada por monedas y joyas, sino por sus saberes secretos y los documentos y objetos que los reflejaban. Y sobrevivió a la persecución y a su disolución oficial por medio de tres principales vías.

Por un lado, muchos templarios hallaron refugio en el seno de otras ordenes religioso-militares. En España, la más importante al respecto fue la de Calatrava, fundada en 1158. En Portugal, en 1310 se creó expresamente una orden, la de Cristo, para reagrupar a los templarios dispersos. Su impulsor no fue otro que el propio rey Dionisio -Dionís I "el Labrador" (1279-1325)- gran promotor de las letras y las ciencias y de la actividad comercial lusa. Y en Alemania, por citar un tercer ejemplo, la Orden Teutónica heredó parte de los saberes templarios.

Por otro, caballeros templarios conformaron grupos muy restringidos de iniciados que mantuvieron los conocimientos secretos, haciéndolos pasar de generación en generación tanto por el contacto directo entre maestros y discípulos como mediante la puesta en marcha y funcionamiento de determinadas organizaciones herméticas. Así, se fomentó la constitución y desarrollo de gremios como el de constructores, se llenó de vida el quehacer esotérico de alquimistas y sabios medievales y hasta se conformaron cofradías y hermandades teóricamente adscritas al catolicismo romano, pero que servían para transmitir secretos letales para el mismo. Con todo ello, se pusieron las bases para que, con el transcurrir del tiempo, nacieran grupos masónicos y de "iluminados" que durante las últimas centurias han mantenido viva la llama de la genuina sabiduría y del auténtico mensaje de Cristo Jesús, a pesar del desprestigio provocado por los delirios de grandeza de más de un ignorante y la estúpida parafernalia de muchas falsas organizaciones surgidas al calor de la verdad.

Por fin, el Temple también sobrevivió a través de su Orden interna, el Priorato de Sión, que escapó al acecho de las autoridades religiosas y políticas y ha sabido mantener su existencia en la confidencialidad a lo largo de siglos.

Durante este largo tiempo han circulado múltiples historietas y leyendas acerca del Priorato, algunas tan patéticas y detestables como las que han intentado ligarlo con conspiraciones sionistas -verbigracia, los llamados *Protocolos de los sabios de Sión*- o las protagonizadas por tristes oportunistas con ansia de notoriedad -como Pierre de Plantard, pretendido descendiente de Dagoberto II y fundador, en 1956, del "nuevo" Priorato de Sión-.

Aunque también ha habido investigaciones serias en torno a la pervivencia del Priorato, como la de aquellos que han creído encontrar la confirmación de su subsistencia en unos documentos conocidos como *Les Dossiers Secrets*, encontrados en la Biblioteca Nacional de París, donde están catalogados con el código 4º lm1 249. Su contenido informa sobre los supuestos Grandes Maestres del Priorato desde el siglo XII hasta casi la actualidad, entre ellos nombres tan famosos como Sandro Botticelli, Leonardo da Vinci, Isaac Newton, Víctor Hugo o Charles Debussy.

Lo que se conoce con certeza es que el Priorato sobrevivió a la disolución oficial de la Orden del Temple, logró resguardar sus conocimientos y los datos y documentos que los constatan y formó una red de personas y sub-organizaciones lo suficientemente amplia como para asegurar la conservación y transmisión de sus saberes y lo necesariamente reducida como para garantizar la confidencialidad de su trabajo y la seguridad de sus miembros.

Y, por supuesto, el Priorato jamás abandonó la idea de salir de su forzada clandestinidad y dar a conocer sus saberes. Es más, hace mucho tiempo que en su agenda de trabajo se marcó de rojo una época concreta para hacer ambas cosas: la de la transición astrológica de la Era de Piscis -el pez que es, igualmente, signo del cristianismo- a la Era de Acuario, que trae consigo enormes transformaciones. Se trata de lo que Cristo Jesús llamó *el final de los tiempos* de esta generación humana, en los que probablemente ya nos hallamos inmersos en la actualidad.

CAPÍTULO II
SOBRE LA SABIDURÍA
Y LOS SECRETOS TEMPLARIOS

Seguidores de Cristo Jesús

Para hablar del aspecto esotérico de la Orden del Temple, lo primero que hay que tener en cuenta es que estos caballeros fueron, sin duda, seguidores de Jesús de Nazaret; pero no del Jesucristo mostrado por la iglesia católica ni tampoco de sus enseñanzas doctrinales. Es, en parte, por ello que tuvieron que recurrir a un método que llamamos *ocultista*, lleno de simbología y extraño para los neófitos, pero muy sencillo para los que conocían los "secretos". Y, ¿cuáles eran estos, que tantos estudios han provocado y tanta tinta han derramado?

Principalmente, hay que decir que participaron de la misma comunidad que la historia ha denominado como *albigense* o *cátara*, a lo que ya se ha hecho mención en el capítulo precedente. Así se explican muchas cosas que no tendrían sentido de otro modo, sin que esto excluya la clara influencia de otras religiones o sectas orientales de la misma orientación.

A lo largo de los siglos, siempre hubo constancia de determinadas sociedades secretas que se agruparon con el fin de transmitirse conocimientos que no estaban al alcance de todos o bien para proteger determinados secretos. Eran invitados a participar en ellos lo más puros en sus actitudes y comportamientos y también, los más dotados de inteligencia en las distintas ramas del saber; o también dotados de sensibilidad, como en el caso de los músicos, arquitectos, artistas y artesanos de todo tipo.

Se fueron llamando entre sí *hermanos*, *cofrades*, *conmilitones* y *compañeros*. Y, sobre todo, tuvieron que demostrar que reunían las cualidades que se les presuponía para guardar y ser custodios del "Legado" de la sociedad secreta a la que pertenecían. Esa *pactio secreta* requirió unos formulismos propios y los templarios, como otras órdenes similares, también los recogieron en sus estatutos internos.

En primer lugar, los templarios fueron "hermanos" (monjes) porque participaban del círculo de elegidos para guardar y transmitir dichos secretos. Y, en segundo lugar, fueron "caballeros" tanto en el orden temporal como espiritual, pues así lo demandaba la sociedad medieval en la que vivieron y trabajaron con una misión concreta. El conocimiento de "secretos" no es un asunto baladí; les obligaba en la esfera espiritual a comportarse según las normas establecidas, con el fin de conseguir los más altos niveles en su relación con Dios.

La Orden del Temple fue una Hermandad llena de simbolismos desde su mismo origen. La propia entrada en la Orden se iniciaba con la entrega de la "capa"; aunque al principio, los templarios usaron sus ropas seculares hasta que fue fundada oficialmente la Orden según las Reglas escritas por Bernardo de Claraval y con la aprobación expresa del Papado. Más tarde, la regla distinguiría entre el hábito y la "capa blanca", cuyo uso estuvo reservado únicamente a los hermanos caballeros, y la "capa sayal", negra o parda, que llevaron los demás miembros.

La ceremonia del nombramiento de caballero iba acompañada probablemente del brindis con la "Copa de la Caballería", que contenía las bebidas que designaban simbólicamente a las cuatro ciencias: la ciencia de los estados espirituales, que corresponde al "vino"; la ciencia absoluta, al "agua"; la ciencia de la Leyes Reveladas, a la "leche"; y, por fin, la ciencia de las Normas Sapienciales, significada por la "miel".

La Copa de Caballería o... ¿el Grial?

La Copa de la Caballería es el inicio de una vida dedicada a defender las más altas demandas que unen al ser humano con Dios. Tiene su paralelismo con la "Copa del Grial", que tanto ha relacionado la literatura medieval con los templarios. Y con razón, pues ellos conocieron -entre sus muchos secretos- que siempre existió una línea de continuidad en la transmisión de los "saberes". De hecho, los druidas del pueblo celta, también fueron una sociedad similar: monjes y guerreros. Y, según Julio César, los druidas elegían construcciones megalíticas para establecer escuelas donde impartir sus conocimientos mágicos y sus ritos.

También habría que dejar constancia de un hecho sobre el que algunos especulan: se cree que Jesús de Nazaret viajó a Britania y entró en contacto con ellos. Por esta razón, encargó antes de su muerte a su amigo José de Arimatea, rico comerciante, que llevara a su primogénito al cuidado de estos hombres sabios, en parte para que aprendiera, pero, sobre todo, para protegerle de la ira de los judíos que le condenaron, así como de los romanos, pues lo que todos pretendieron erradicar fue la estirpe de David (rey de los judíos) y con ello, cualquier nuevo intento de sublevación. Es por esto por lo que, además, existe la leyenda de la llegada del Santo Cáliz con la sangre de Cristo a estas islas. No solo se trató de la sangre, de la que su hijo primogénito era portador como heredero del linaje, sino que también debió existir dicho cáliz (otro símbolo sagrado de gran importancia para este pueblo).

Y no resulta extraño que cinco siglos más tarde, en la época del famoso Rey Arturo, otro druida, Merlín el Mago, propusiera a los Caballeros de la Mesa redonda la búsqueda del Grial. ¿Cómo debemos entender esto? ¿Acaso el Grial que entregó José de Arimatea para su custodia se perdió? ¿Tal vez fue robado? De hecho, caben todas las posibilidades, aunque cabe pensar en esto último como lo más lógico. No olvidemos que Merlín era un cargo supremo (no un nombre propio): algo así como un Sumo Sacerdote de la sociedad mencionada. Tanto Sir Lancelot du Lac como Sir Galahad pertenecieron a dicha sociedad secreta y es por ello que este último es presentado ante el rey Arturo como el "Elegido" para encontrar dicha Copa Sagrada, según cuenta la leyenda, por su pureza y por estar expresamente preparado para ello.

El primero en hacerse eco de esta leyenda sería Chretien de Troyes, quien vivió en la ciudad en la que comenzó a gestarse la Orden del Temple debido al noble propietario de estas tierras, el conde Hugo de Champagne. Y no parece que sea casual que se escribiera y difundiera esta primera obra referente al tema artúrico precisamente allí; algo que posteriormente, tendría tan gran repercusión en otros autores.

Y volviendo a las preguntas planteadas: ¿quién o quienes pudieron haber robado el Santo Grial? Ese sería quizá el tema de otro estudio, pero el caso es que fue necesaria esa búsqueda. Y fue tan grave el asunto que por esta causa todos los caballeros de la Mesa redonda del rey Arturo parten en busca de la preciada Copa. Prácticamente a partir de aquí comienza la desaparición de la Corte de Arturo. Podría decirse que este es, precisamente, el principio de su final. Alguien ha apuntado el hecho de que pudo tratarse de un robo por parte de la Iglesia de Roma, que había comenzado a instalarse en las tierras de Arturo y que pudo incluso convertirle al cristianismo. Se cree que Arturo abandonó por ello las creencias y tradiciones de su pueblo, resultando con ello castigado y su reino dispersado hasta acabar muerto a manos de su hijo, el cruel Mordred.

Pudo ser cierto. Los religiosos que se trasladaron a Britania para convertir a los celtas fueron pertinaces y quizá buscaron la mejor estratagema: el Grial estaba en manos de los druidas, pero estos religiosos pudieron creer que les pertenecía a ellos, como precioso legado de su Cristo. Por tanto, ¿por qué no hacerse con él? Por otra parte, estos magos celtas sabían que su generación estaba terminando y que el cristianismo invadiría finalmente las islas de Britania. Quizá trataran de ocultar el Grial o quizá fue ciertamente robado antes de alcanzar su meta; pues no hay que olvidar tampoco los objetos sagrados de su culto (que sí fueron ocultados). Hasta aquí todo puede ser meras conjeturas; pero lo que sí resulta cierto es que la desaparición del Santo Grial fue un hecho tan grave que todos partieron en su búsqueda. Entre ellos, se encontraban no pocos que también debieron pertenecer a la citada orden de druidas-guerreros. Como en el caso de los templarios posteriormente, hubo distintas clases dentro de la organización según sus habilidades y actitudes, y según la categoría social a la que pertenecieran, algo que formaba parte del organigrama de la época.

Según la leyenda, el Grial fue encontrado por Sir Galahad, Sir Perceval y Sir Boor; pero, en definitiva, volvió a desaparecer, con lo cual el "misterio" siguió siendo un enigma por resolver a lo largo de los siglos posteriores, y hasta nuestros días, ya que resulta muy dudoso que el cáliz que se haya en Valencia sea el auténtico.

¿Por qué el Santo Grial tuvo tanta importancia para aquellos hombres? No olvidemos que la Edad Media fue, sobre todo, una época de "fe", que inundaba las mentes y los corazones de todos, tanto de reyes como de nobles o plebeyos. Y no hablo solo de fe religiosa (pues no todos llegaron a cristianizarse) sino de fe en las fuerzas sobrenaturales. Hay que tener en cuenta que la mística druídica estuvo llena de Magia y de una fuerte conexión con la Naturaleza.

Y del Grial, perdido durante siglos, llegamos a los Caballeros del Temple, que también lo buscaron, pues la Copa Sagrada, como símbolo, es de origen muy remoto y no se limita a las antiguas culturas europeas. De hecho, es considerado sagrado por el pueblo árabe mientras que, por supuesto, también entre los judíos, tiene su simbolismo ritual. De hecho, Jesús, en la última cena con sus discípulos, siguió precisamente este antiquísimo rito que se remonta a los llamados Levitas, casta sacerdotal hebrea iniciada con el patriarca Aarón.

LA CASTA DE LOS LEVITAS, CUSTODIOS DE LA TRADICIÓN

Conviene llegar a los remotos antecedentes de las Ceremonias, para comprender que no se está innovando nada, sino siguiendo una costumbre con un significado sagrado. Es por ello que procede detenerse un poco sobre su historia.

Cuando Moisés regresó del Monte Sinaí, su reaparición llenó a casi todos de alegría. Este habló a su pueblo de las órdenes recibidas por Yahvé, su Dios, para que construyeran un "Tabernáculo", lugar este que ocuparía el mismo Dios cuando viniera a escuchar sus oraciones. Por tanto, habría que ponerse a trabajar en su construcción cuanto antes. Dicho lo cual, les mostró las dos Tablas de la Ley con los Diez Mandamientos escritos en ellas, cinco en cada Tabla. Lo más singular era que el texto estaba escrito nada menos y -según cuentan-, "por la mano de Dios".

Por esta razón, Moisés apartó a la tribu de Leví de toda comunicación con el resto del pueblo, separándola para que fuera una tribu santificada y purificada con el agua de los manantiales, convirtiéndose esta en una casta sacerdotal más que propiamente una tribu. Y se procedió a la entrega del Tabernáculo, el Vaso Sagrado (es decir, el Cáliz) y demás elementos, como el pectoral y la Vara o bastón de poder que servirían de Guía para los sacerdotes consagrados desde ese momento al servicio de su Dios, Yahvé. ¿De dónde sacaría Moisés el Vaso Sagrado? ¿Acaso de Egipto?

Es importante recordar que, una vez construido el Tabernáculo, el sacerdocio levítico, con el Sumo Sacerdote al frente, asumía las funciones tanto religiosas como legislativas, por lo que se constituía un orden teocrático, que no existía hasta el momento. El Sumo Sacerdote era también, la cabeza de toda la nación judía y, por tanto, la suprema autoridad religiosa y civil. Esto es algo similar a las funciones del Maestre en la Orden del Temple (al menos, en el llamado *Círculo Interno de la Orden*).

Como está escrito, el primer Sumo Sacerdote fue elegido por Dios y este fue el hermano de Moisés: Aarón, el mismo que acompañó a visitar al faraón de Egipto para pedir la liberación de su pueblo. No puede olvidarse, por tanto, que en el Templo de Salomón se guardaban las Tablas de la Ley y que los Levitas eran algo así como los antecesores de los templarios. ¿Acaso no fueron estos a Jerusalén precisamente en busca de las Tablas de la Ley, del Arca de la Alianza, del Vaso Sagrado y del Vara (o Báculo) de Aarón? En definitiva, fueron en busca de todos los objetos sagrados que guardaron los judíos en su Templo. Cabe pensar, sencillamente, que se consideraban los sucesores, guardianes o custodios, de esa tradición y no podían permitir que los objetos cayeran en manos de los árabes, pues según su tradición, a estos no les pertenecía. Esto podría ser muy discutible: la historia se encarga de mantenernos en el filo de la verdad.

Debemos suponer, por tanto, que los templarios sí sabían que su origen era judío (la herencia merovingia) y que tenían encomendada una misión por derecho propio y en orden a la legitimidad de su raza. Estamos hablando, por tanto, de sucesión o línea de continuidad de un legado "sagrado". Por ello, no resulta extraño que se hable de simbolismo y ritualismo dentro de su organización más interna.

Una tradición de Sumos Sacerdotes

Existe una tradición por la cual se creía que a las familias de los Sumos Sacerdotes se las hizo responsables de la custodia de aquellos manuscritos hebreos que pudieron haberse llevado en su exilio cuando tuvieron que abandonar el Templo de Salomón debido a los distintos saqueos que sufrió. De ese modo, en el sur de la Galia, en el condado de Hugo de Champagne, ya debía conocerse la existencia de ese inmenso tesoro; solo faltaba la localización exacta para ir a buscarlo. Y eso sería lo que haría este acaudalado conde y, posteriormente, los nueve templarios. Sin duda, estamos hablando de los descendientes de los susodichos Sumos Sacerdotes, que debieron comprometerse a través de una tradición oral y que pudo obligarles a volver a recoger el legítimo Legado que les pertenecía como herencia.

Se podría entender que, dado el peligro árabe, los distintos linajes judíos que se encontraban en tierra europea unieran sus fuerzas para intentar la incursión de estos monjes-guerreros en territorio árabe, aprovechando para ello el gran movimiento que supusieron las Cruzadas. Por no decir que llegaron a intimidar al mismísimo Papa para convocarlas. Si queremos comprender de verdad el comportamiento "esotérico" de los Caballeros del Temple, no podemos disociar la historia de este pueblo, su tradición y sus contactos, de la de otros sacerdocios similares.

Es curioso observar el recorrido cíclico de distintas fechas. Por ejemplo: David conquistó Jerusalén hacia el año 1000 a.C. y decidió trasladar el Arca de la Alianza a esta ciudad. La construcción del Templo se inició al cuarto año del reinado de su hijo Salomón y se terminó en siete años. Así, aproximadamente, se puede calcular que estuvo disponible para el pueblo varios años después de la muerte de David. Se diría que pudieron pasar unos 60 o 70 años. Y justo la Orden del Temple se debió empezar a gestar alrededor del 1070, aunque su fundación fuera posterior. Ya en el 1104, el conde Hugo de Champagne llegó a Tierra Santa con un séquito de caballeros procedentes de Troyes donde gobernaba un extenso y rico principado. Y ya se ha constatado que en esta tierra se gestó la leyenda sobre el Grial, cuando Chretien de Troyes escribe sobre ello. ¿Acaso fue casualidad? Resulta sospechoso. Más bien debió ser algo intencionado, siguiéndose así una inteligente estrategia.

En definitiva, hay unos 2000 años entre una etapa y otra. A la conclusión a la que se quiere llegar es que los hechos parecen ser cíclicos y perfectamente "orquestados" por algún grupo de origen remotísimo. Ahora nos encontramos 2000 años después de la llegada del Cristo; quizás esto pueda significar algo que tenga su importancia.

Los "iniciados" dentro de la Orden

Es importante resaltar que fueron muy pocos los "iniciados" en comparación con la enorme expansión que adquirió la Orden; no "todos" estaban en el "secreto". El Temple fue una sociedad secreta jerarquizada y el conocimiento también tuvo que ser selectivo; como ocurre, por otra parte, en todos los ámbitos de la vida. No es que fuera clasista, si nos estamos refiriendo a la nobleza, pero sí selectiva, se tenía en cuenta las cualidades inherentes a las personas que solicitaban su ingreso en ella. Estas debían ser "probadas" para ascender en los distintos niveles de Iniciación. Esto es lo mismo que ha ocurrido y sigue ocurriendo en todas las Logias, tanto masónicas como rosacruces o de cualquier tipo.

De esto se deriva que el enfoque meramente esotérico, entendiendo este como el conjunto de conocimientos ocultos, se basó, sin duda, en las ciencias de la antigüedad (Astrología, Cábala, Magia y Alquimia). Por supuesto, en estas materias entraban otras menores como puede ser la matemática, la geometría o la astronomía. En fin, se trataba de un conjunto complejísimo de conocimientos, todos ellos procedentes de Sumeria y Egipto. En este sentido fueron suficientemente versados (véanse las pirámides o los zigurats). Se sabe muy poco sobre esto y se tiende a pensar que todo se reducía a símbolos y ritos. No hay que olvidar que fueron los creadores de nueva arquitectura, como las catedrales, abadías, etcétera.

Para entender esto habría que desarrollar un poco el sentido más profundo de las ciencias citadas anteriormente, pero esto no es un tratado y no es, por tanto, el lugar indicado para ello. Cualquiera puede acceder a Internet para encontrar principios básicos sobre ellas; o bien hacerse con los innumerables libros escritos sobre dichos temas. Sin embargo, sería bueno que comprendieran que la "mística" templaria estuvo imbuida de profundos conocimientos de estas materias y, por lo tanto, podría decirse que la consecuencia de ello, fue el manejo del verdadero y auténtico "poder". Ciertamente esto es muy sutil y no puede explicarse tan fácilmente, pero viene a ser algo así como el conocimiento de las Leyes que rigen el Universo y la Naturaleza y, por lo tanto, el "poder" de manejarlas, como los científicos hacen son sus conocimientos en laboratorios y experimentos. ¿Acaso se quiere decir con esto que los templarios fueron científicos? Pues para algunos casos se diría que sí. Por ejemplo, en materia de curaciones llegaron a conocer remedios naturales de todo tipo e incluso (aunque, por supuesto, no existe constancia de ello) podrían "sanar" con las manos, hasta el punto de llegar a realizar curaciones realmente extraordinarias. Esa es otra de las razones por las que el pueblo acudía a ellos, y les respetaban y querían.

La orden de Cluny

Apoyó la arquitectura románica, caracterizada fundamentalmente por la austeridad de sus iglesias, ermitas y monasterios. Los principios básicos consagrados en la regla eran la ascética y el alejamiento del mundo buscando la unión con Dios. Para ello había que prescindir de todo lo suntuoso que hiciera distraer a los monjes. Sus labores diarias debían realizarse en silencio para conseguir más fácilmente la contemplación del Creador. Los monjes preferían establecerse en lugares recónditos, alejados de los caminos transitados.

La orden del Cister

Fue la impulsora del gótico, con lo que desde la antigüedad se conoce como *geometría sagrada,* que se aplicó de manera diferente en los dos estilos, románico y gótico. Ambos podrían calificarse como armazones arquitectónicos de lo que los templarios trajeron de Oriente. En el siglo XII, el santuario románico empieza a ver sus cambios hacia el gótico. De una simbología muy simple se pasa a otra más compleja, llena de misterios y claves que reflejan nuevas incógnitas y revelan nuevos enigmas (como el Laberinto). Una de las más importantes es la Catedral de Chartres, consagrada a Nuestra Señora la Virgen, pero que tiene un antecedente pagano. La técnica empleada supuso una ruptura radical con modos de construir previos, incorporando elementos que tienden a aligerar sus paredes; incorporando además nuevas especializaciones, como la de los vidrieros que vistieron las nuevas paredes de imágenes polícromas que necesitaban la luz para resaltar su esplendor. Sin embargo, resulta extraño observar las dos torres desiguales. Es obvio que se construyeron en épocas diferentes pero, ¿no representarán también las dos columnas del Templo de Salomón? ¿Por qué iban a ser tan diferentes? No solo es extraño, sino que además es antiestético; tiene que haber una razón que justifique estas notables diferencias.

También fueron perseguidos por este tipo de prácticas, pues para la Iglesia de Roma no eran ortodoxas y las consideraba fruto de la "brujería". Ya sabemos que fue un siglo de plena fe y devoción, pero también de mucha superstición, por lo que estos monjes-guerreros tuvieron que andarse con mucho cuidado y exigir el más absoluto silencio a sus "pacientes" cuando curaban, aunque algo así es difícil de ocultar. De ese modo, no es de extrañar que mucho más tarde se les acusara de brujería, pues, en cierto modo, lo que hacían al curar no podía ser comprendido en su época (y ahora tampoco). Y, ¿por qué razón? Posiblemente por desconocimiento de los fundamentos de la medicina natural que extrajeron de sus contactos con Oriente. Pero la Iglesia siempre fue cerril y obcecada en defender sus dominios tanto religiosos como políticos; así que, si los templarios se estaban escapando a su férreo control, no podían permitirlo; estaba en juego la existencia y continuidad de la organización eclesiástica, consolidada durante siglos a base del dominio de las minorías.

Es el momento de volver a mencionar a los cátaros, recordando su condición de hombres y mujeres seguidores de la doctrina original de Jesús el Cristo, que no tenían que ver con la Iglesia católica y que, por otra parte, estaban íntimamente ligados a la fundación y posterior establecimiento de la Orden templaria en muchos lugares, dado que bastantes de ellos fueron hijos de estas familias nobles. Pero tampoco este es tema para extenderse aquí. Eso sí, invitamos a todos los interesados en el tema, a que conozcan la doctrina cátara y, de esta forma, podrán comprender mejor el misticismo templario. No se puede desligar lo uno de lo otro, pues tuvieron los mismos fundamentos.

Conocimientos metafísicos

Un aspecto más de los conocimientos "metafísicos" adquiridos por estos caballeros es que les llevarían a prácticas que hoy llamaríamos de "estados modificados de consciencia". Esto consiste sencillamente en llegar a un estado de relajación profunda, a través de un ritmo respiratorio apropiado. Cabe imaginar que, con un fondo de música gregoriana, o sin ella, e iría acallando la mente racional y produciendo un "vacío interior" para poder entrar en contacto con otras esferas de sí mismos. Hoy se vería como acceso a otros niveles de consciencia, conexión con planos superiores, apertura a otras dimensiones, etcétera.

Con esta práctica se desarrollaron (entonces y hoy) la clarividencia, la telepatía y, desde luego, la curación por transmisión de energía. Para este tipo de prácticas no se instalaban en sus propios templos, sino que buscaban lugares propicios para ello en la naturaleza, como podrían ser las cuevas. Ni que decir tiene que debían conocer perfectamente el funcionamiento de las energías telúricas, es decir, las corrientes energéticas que recorren el planeta del mismo modo que nuestro cuerpo es recorrido por venas por las que circula la sangre. Algunos cruces de estas "Líneas Hartman" eran propicios y otros no. Por citar algún ejemplo en la Península Ibérica, se puede hacer referencia al conocido Cañón del Río Lobos (Soria), donde estuvieron los caballeros del Temple y practicaron sus experiencias "metafísicas".

Por supuesto, este no fue el único lugar que ocuparon buscando estos estados meditativos; recorriendo toda la Península y las Canarias, pudieron estar casi con seguridad en las Cuevas de Alhajar (Huelva), donde se encuentra la Peña de Arias

Montano y, cerca de ella, la Gruta de las Maravillas (Aracena), ubicaciones estas que serán abordadas en el último capítulo de esta obra.

Numerosos lugares de entre los citados fueron utilizados para cultos y ritos ceremoniales muy ancestrales; quizás por ello conservan un "halo energético" que muchos pueden detectar. Estos antiquísimos rituales se celebraban para propiciar la fertilidad de la tierra, la procreación, el amor, o las conquistas bélicas. Siempre fue así desde el origen de los tiempos. Podemos pensar que estaban sacralizando toda su vida y, en cierto sentido, fue así; si bien resulta difícil de comprender en esta sociedad tan secularizada. Y los Caballeros del Temple no estuvieron alejados de esta visión cosmogónica de la existencia humana; es por ello que nos parecen "misteriosos".

Vivimos en una sociedad que ha desconectado por completo de la naturaleza; pero en aquellos siglos en los que vivieron, aún se entendía y compartía la sinergia entre la tierra y el hombre. Y, aún más, la simbiosis entre sus ritos y el fin que con ellos perseguían tiene este significado y no otro. Cabría peguntarse qué hacían en las cuevas mencionadas, pues parece obvio que sus prácticas pudieron ser individuales y grupales y que de ellas pudieron derivarse experiencias místicas que, a cada uno, le conduciría a un estado contemplativo, diferenciado de los otros; o tal vez fuera algo común.

¿Qué podrían estar buscando con estas experiencias? Desde luego, en primer lugar, un crecimiento espiritual intenso y profundo. Pero esto también pudo tener como consecuencia el establecimiento de "contactos" con Seres espirituales que habitan Otras Dimensiones; o incluso con el mundo mágico de la naturaleza. ¿Por qué no, si otras culturas, como la celta, lo vivieron tan íntimamente ligado a su tradición? (Recordemos de nuevo la Corte Artúrica y toda su simbología).

Si aceptamos las intenciones más puras de los orígenes y que estas se hubieran conservado impecables, cabe pensar que algunos caballeros fueron auténticos místicos y por ello pudieron tener "encuentros" con Entidades Supra-humanas, como pudo ser el mismo Jesús de Nazaret. ¿Acaso sus discípulos no contaron que se le apareció? Incluso lo mismo dijo Pablo de Tarso con cierta frecuencia. ¿Por qué no iba a poder ocurrirles algo así a estos hombres entregados en cuerpo y alma a una causa que ellos consideraron santa y justa? Claro que esto no pudo ocurrirles a todos; más bien serían muy pocos en comparación con la multitud que llegaron a incorporarse a la Orden. Aunque componían una Hermandad, esta minoría sería la élite espiritual, puesto que fue una sociedad jerarquizada que se regía por normas estrictas y muy rigurosas. Esto pudo llevarles a un alto grado de perfección. Lo que no quiere decir que, con el paso del tiempo, no fueran degenerando hasta quedar disuelto por completo ese espíritu inicial; pero esto no podemos saberlo y, por ello, tampoco juzgarlo. ¿Quién podría "tirar la primera piedra"?

A imitación de las cuevas a las que hemos aludido antes, se fueron creando posteriormente en los monasterios del Cister y en las Catedrales góticas unas formas arquitectónicas en las que se incorporaron "cúpulas" de mayor o menor altura con la misma finalidad. Y no es este un tema banal, pues es sabida la importancia de estos templos en su época. Y también conviene destacar que ni fueron ubicados para su construcción por "azar", ni la arquitectura que crearon fue algo conocido hasta entonces, sino algo totalmente revolucionario para su época. ¿De dónde extrajeron estos conocimientos? Obviamente, como ya señalamos, de lo recogido en Oriente.

> **La sexta catedral medieval**
>
> Corría el siglo II cuando llegaron los primeros cristianos a la ciudad de Chartres. Allí encontraron la caverna artificial y una virgen oscurecida por los años. Sobre ella construyeron una iglesia, por la que había que acceder para pasar a su interior. Destruida esta, se fueron construyendo otras cinco encima. La sexta es la catedral medieval, la que contiene todos los enigmas. El primer enigma es el laberinto, que ocupa parte del piso y que los peregrinos recorren siguiendo un programa establecido, buscando así aumentar la consciencia de lo sagrado.
>
> Existe una relación directa entre la aparición del gótico y la época de las cruzadas; es lógico pensar que quienes viajaron a Oriente Medio se hubieran traído de allí conocimientos necesarios para la evolución arquitectónica que tuvo lugar tras la modificación de Saint Denis, en Paris. De modo muy especial, se cree que los promotores fueron los Caballeros del Temple.

Pues bien, las "Cúpulas" imitan la bóveda celeste o el vientre de la naturaleza y, ¿a dónde nos conduce esto? Para contestar esta cuestión hay que conocer la antiquísima ciencia oriental del Feng-Sui, por lo que se invita a los lectores a buscar conocimientos acerca de estos principios de la energía cósmica. Pudiera parecer que esto aleja del tema, pero no es así, pues lleva de vuelta al misticismo y al esoterismo templario, que no es otra cosa que la intención de plasmar determinadas Leyes del Universo y la Naturaleza en formas arquitectónicas (como ya lo hicieron, verbigracia, los egipcios) para el beneficio espiritual y físico del ser humano. Esto es así tanto si lo entendieron sus coetáneos, como si no.

La antigua religión egipcia hacía de su vivir cotidiano una convivencia permanente entre dioses y hombres. Y así también ocurrió en la antigua Grecia. No es de extrañar que la Orden del Temple pretendiera algo similar. Por supuesto, la Iglesia de Roma no sabía nada de sus verdaderas intenciones, ¿o tal vez sí? Se podría afirmar casi con certeza que desde la misma fundación de la Orden estos debieron ser vigilados, espiados y hasta perseguidos hasta su exterminio y abolición dos siglos después. El poder siempre fue lo primero para el Estado Vaticano. Si consiguieron su objetivo o no, este es otro asunto.

Resulta muy discutible la postura de muchos historiadores oficialistas que ponen un exacerbado énfasis sobre la caída del Temple, en la ambición del rey Felipe de Francia, debido a sus muchas deudas con la Orden. Y tampoco es creíble la supuesta debilidad del Papa Clemente; ambos responsables directos, como ya se expuso, del fin de la Orden en el siglo XIII. Como también ya se señaló, más probable resulta creer -dada la historia de esta organización eclesiástica- que la Iglesia, desde siempre fuera consciente del peligroso poder que manejaron los caballeros templarios y que su independencia y habilidad para crear su propio reino les podría crear serios problemas. Por lo tanto, es factible pensar que siempre los vigiló de cerca y que fue esta, la causa auténtica del triste e injusto final de la Orden, sin que por ello se pretenda exculpar al insidioso rey de Francia. Como se reseñó en el capítulo precedente, se puede afirmar que se juntó el hambre con las ganas de comer. La historia está llena de luchas de poder; bien, pues eso es lo que fue esta batalla entre la iglesia de Roma y los caballeros del Temple: una lucha de poderes, más allá de lo material. La Iglesia estaba defendiendo su idiosincrasia como Estado político-espiritual y la Orden del Temple pretendió cambiar las cosas; a la larga podría haberlo conseguido. El Estado Vaticano se hubiese venido abajo y el Papa sería destronado de su "reinado".

Desde esta perspectiva, las acusaciones que se les imputaron toman una dimensión diferente; ya no resultan una pantomima ni una invención, pues en cierta medida, fueron posiblemente prácticas reales, si bien se entendieron en un sentido muy diferente al que realmente tenían para estos caballeros. Como toda acusación que es sacada de su contexto original, puede resultar un absoluto escándalo y una enorme barbaridad para mentalidades llenas de ignorancia, prejuicios y dirigidas por una Iglesia dominante y manipuladora. El Temple ejerció una competencia demasiado peligrosa como para dejarlo sobrevivir.

Llegados a este punto, cabría preguntarse si los templarios pretendían crear otra Iglesia. De cierta manera, cabe pensar que sí, pues, como ya se apuntó, los "herejes" cátaros tenían un fuerte y consolidado cuerpo doctrinal para hacer frente a la teología de los católicos, hasta el punto que la Iglesia necesitó crear una Orden religiosa para rebatir a los teólogos cátaros. Y, aun así, como no lo consiguieron, los exterminaron por la fuerza, creando una cruzada que duró nada menos que treinta años. Y como ya he expresado, cátaros y templarios fueron dos ramas de la misma familia, con la misma doctrina como telón de fondo: se basaron en un evangelio (para la Iglesia, un apócrifo) que se llamó el *Evangelio del Amor*, atribuido al apóstol Juan.

Ni que decir tiene que muchas de las prácticas rituales y místicas fueron las mismas. Así que primero exterminaron a los cátaros y después a los templarios. Esta política de acción no se ha investigado suficientemente, puesto que la historia oficial siempre ha tratado de encubrir los errores de la Iglesia de Roma, como se viene viendo a través de los siglos.

Secretos iniciáticos

Como anteriormente se ha apuntado, la Orden del Temple fue aprobada por la Iglesia y supuestamente dependía única y exclusivamente de ella. ¿Cómo entonces el Papa Clemente V, dos siglos después, pudo dar la orden de abolirla? Este declaró: "Que las herejías que se le imputaban la habían difamado singularmente y que sus confesiones hacían sospechosa a la Orden; y que esta infamia y esa sospecha volvían a la Orden totalmente abominable y odiosa a la Sta. Iglesia del Señor".

Resulta obvio que la falta de control que ya tenía sobre la Orden llevó al pontífice a la locura de creer a ciegas en las acusaciones que se les hacían a sus miembros; pero, aun así, el problema más bien estriba en que en ningún momento mandó investigar seriamente el tema, pues tampoco le interesaba. Además, ya se ha apuntado el hecho de que, en realidad, conocía el asunto; sabían que no eran herejías ni abominaciones lo que practicaban, sino la simple consecuencia de una fe distinta a la católica. Al menos, las jerarquías más cercanas a él conocían muy bien esto, puesto que la Orden fue vigilada desde el principio. Se trataba de las mismas acusaciones de las cuales, años atrás, habían sido víctimas los cátaros, así que no existía novedad alguna respecto a algunas de sus prácticas.

Podemos continuar comentando otros de los aspectos esotéricos del Temple para comprender mejor sus ritos. Comencemos por el lema que escogieron: *"Non nobis, Domine, non nobis sed nomini tuo da gloriam"*.

Se cree que su traducción se basa en la estrofa 30 del prólogo de la regla de San Benito: "No a nosotros Señor, no a nosotros, sino a tu nombre da la gloria". No parece tan extraño que así sea, dado que el que escribe los estatutos fundacionales es Bernardo de Claraval, monje del Cister, y todas las órdenes religiosas de la época fueron herederas de la regla original de San Benito. Junto a lo cual, este lema resulta muy apropiado para aquellos monjes-guerreros. Lo que no quiere decir que el mismo, a nivel interno, no pudiera tener otro significado. No cabe duda de que, en sí, este lema no solo habla de humildad, sino de sometimiento a unas leyes divinas que son marcadas por Jerarquías Superiores (divinas) y que se está dispuesto a su acatamiento.

El Documento Q

Es llegado el momento de citar uno de los manuscritos más enigmáticos y controvertidos: el *Documento Q*. Fue en 1947 cuando se produjo una noticia procedente de Jordania que conmocionó a las comunidades cristianas y judías. En una cueva cercana al Mar Muerto, unos beduinos habían encontrado un conjunto de documentos datados dos mil años atrás. Se encontraron envueltos en telas y escondidos en jarras de barro. Después de muchos azares e investigaciones, se supo que los autores de aquellos textos debieron ser habitantes de una población llamada *Qumram*, una comunidad extremista judía que vivió en el siglo I antes de nuestra era y que la mayoría de los investigadores llegó a identificar con los esenios. Entre estos manuscritos se encuentra el llamado *Documento Q*, que nos devuelve el personaje de Jesús como fue originalmente.

La idea de un Jesús revolucionario no es nueva; así lo han querido ver, siglos después, algunos cristianos progresistas, como los de la llamada *teología de la liberación*, o también el Cristo según los Masones, etcétera. Lo más importante es que su figura no puede sacarse de su contexto histórico, es decir, el pueblo judío y el tiempo en el que vivió; ni tampoco puede pasarse por alto la influencia en él de la secta esenia. Se vio a sí mismo como Mesías, concretamente como el siervo de Yahvé, e "Hijo del hombre", es decir, Dios y hombre que, por tanto, podía morir como hombre y resucitar como Dios. Por eso, en los evangelios se repite que sabía que iba a morir, pero también que esperaba resucitar. Así fue.

Otro aspecto que parece desprenderse de dicho documento es el hecho de que Jesús no se concibió a sí mismo como un hombre encargado de una misión salvadora. Él era la Sabiduría, el Señor y, sobre todo, el Hijo de Dios que venía a los hombres para enseñar a estos, fundamentalmente, el camino para llegar a "su" Padre. Si bien conviene matizar que solo él podía llamar Padre a Dios; solo él conocía al Padre, y a él solo el Padre podía conocerlo. Aquellos conceptos no eran nuevos en el judaísmo, pero lo realmente provocativo fue el hecho de que Jesús se los aplicaba a sí mismo. Y eso solo podía llevarle a la muerte. Él siempre lo supo y lo aceptó.

De igual modo, lo que se desprende de las enseñanzas de Jesús en los textos extraídos de los documentos de Qumram es algo que recogieron los templarios: Jesús creía en la existencia del Mal. Existen fuerzas del Bien y del Mal, generando causas y efectos, pero estas eran, especialmente, de orden espiritual. Es por ello por lo que expulsaba los demonios de los poseídos; y por lo que tampoco culpó a la sociedad de su tiempo, ni a la política del origen de los males de su "época". Es de suma importancia destacar este punto, ya que los templarios fueron muy conscientes de ello y trabajaron con sus "artes mágicas" en este sentido, si bien, de un modo oculto.

Si existió un "Plan Crístico", fue precisamente este. El conocimiento de la existencia de las fuerzas oscuras y el trabajo de los Iniciados para equilibrar en este planeta ambas fuerzas. Conviene recordar que Jesús y los esenios conocieron los escritos de Henoc y todo lo referente a los ángeles caídos. Esta creencia se halla vivamente reflejada en las más antiguas mitologías sumerias, babilónicas, egipcias y en otros muchos mitos y leyendas extendidos por la geografía del planeta. ¿No es señal ineludible de que existe un sustrato de verdad en ellas? Solo hay que constatar cómo las películas están llenas de estos temas: sobre "malos" que proceden de mundos "mágicos" y "mitológicos". En realidad, vienen recogiendo estas historias y leyendas que, por otra parte, están profundamente incorporadas en nuestro inconsciente colectivo. Quizás sea por ello que tienen tanto éxito de público en todo el mundo.

En esta época no es fácil comprender a nivel racional (por ello lo incluimos en el apartado de la "fantasía") la cosmovisión que tuvo Jesús; pero en las culturas de la antigüedad, este Principio del Bien y el Mal era el origen de todo. Y Jesús fue consciente de ello. Para él, el adversario número uno fue el Diablo y sus huestes demoníacas. A quien buscó Jesús en el desierto fue a Satanás. Con ello, se quiere apuntar algo que es muy poco comprendido: Jesús sabía que eran "Ángeles caídos". Y, tal vez, trató de convencerles de que abandonaran su situación de rebeldía y les propusiera que "volvieran a la casa del Padre". Es obvio que no lo consiguió. Así que no debió tratarse de aquellas tentaciones de las que hablan los evangelios canónicos, ni mucho menos; tuvo que ser algo mucho más trascendental, aunque resulte imposible conocer los hechos reales.

Algo que se describe en los Manuscritos del Qúmran es que todo el sistema político fue un poder controlado por Satanás (lo sigue siendo). Cuando este le ofrece el dominio de todos los reinos de la Tierra que él posee por derecho propio, está hablándole en términos de algo real, no metafórico. De esto se puede deducir fácilmente que estamos en una "dimensión" y en un mundo donde hay un rey y este es Satanás; y que Jesús vino a liberarnos de ésa tiranía (esclavitud). Es por esto que parte de su ministerio consistiera en la expulsión de demonios. Y así lo ordenó después a sus discípulos. Jesús no parece haberse tomado a la ligera la cuestión de la existencia de seres demoníacos; incluso enseña que, si no son sustituidos por la aceptación del mensaje que él predicaba, podrían regresar después de haber sido expulsados de alguien, con lo que la situación del infeliz sería mucho peor. En definitiva, existe una realidad negativa controlada por el Diablo. Esto no resta un ápice al hecho aún más crucial de que hay una realidad positiva, el Reino del Padre, que se percibe con nitidez en todos los mensajes y obras de Jesús.

Por lo tanto, podría decirse que Jesús se enfrentaba con el Mal. Y es esto una parte principal del contenido de las ceremonias, ritos y símbolos templarios. El Bafhomet templario pudo ser realmente el rostro del diablo. Y no es que lo adoraran; pudo tratarse de todo lo contrario, ¡lo combatían! Viene a ser algo así como el cráneo que tenían los monjes contemplativos en sus celdas para recordarse a sí mismos el hecho ineludible de la muerte: "polvo somos y en polvo nos hemos de convertir": un recordatorio. Pues de esta forma podría entenderse que fuera representada la existencia real del mal, para no olvidar ni quien era el verdadero enemigo ni la forma de combatirlo.

En el *documento Q*, por otra parte, quedan claras las pretensiones de Jesús de autoridad sin parangón. Insiste en que el ser humano tiene que tomar partido por él; y que no hacerlo solo puede terminar en desastre. Él partía de la base de que todos (¿se refería a los ángeles caídos también?) se habían extraviado y que su "misión" era rescatarlos. De hecho, estaba dispuesto a abrir las puertas del Reino a los que no eran judíos, si tenían la fe suficiente como para aceptarlo. Lo trágico iba a ser que muchos judíos, los supuestos "hijos del Reino", se quedarían fuera, mientras los no-judíos, venidos de cualquier parte del planeta, se sentarían a la mesa de Abraham.

Los Caballeros de la Orden del Temple, cercanos a la doctrina cátara, fueron perfectos conocedores de estas enseñanzas originales de Jesús. ¿Cómo llegaron a ellos los manuscritos (o copias) que se han descubierto hace muy pocos años en Qúmram? Lo desconocemos, pero el hecho está ahí. Y toda la cosmovisión templaria es idéntica a la que pudo tener Jesús, como muestran estos manuscritos originales.

Hoy se habla sin parar de esoterismo y misterio. Desde luego, en aquella época se difería en el modo en que tenía que ser tratado el problema. La Iglesia católica pretendió arrogarse este poder absoluto y manipuló tanto el mensaje como la personalidad de Jesús según su conveniencia, convirtiéndolo en un ser acaramelado, manso, dulce y melifluo. Esta es una imagen falsa, no cabe duda. Este no fue el Jesús real. Los sacerdotes cristianos, como lo fueron antes los judíos, adoptaron el contenido y la forma a su manera y con ello adquirieron el dominio y el poder, influenciados por el gnosticismo. La religión que quisieron mostrar se alejaba, así, de los verdaderos contenidos del mensaje de Jesús. Tanto que se apropiaron el poder sobre los demonios, metiendo el miedo en el cuerpo a sus fieles. Y, sobre todo, manejando el tema del infierno a su antojo.

    La Orden del Temple pretendió recuperar al Jesús original y, por ello, apoyó secretamente a los cátaros, e incluso les defendió en ocasiones, como hizo igualmente de manera más abierta con la orden creada por Francisco de Asís. La revolución religiosa que pretendieron fracasó, como también lo hizo la de Jesús, en cierto sentido, al menos de momento. Aunque no cabe duda que su impronta espiritual marcó a todos, generación tras generación, y que su labor no fue en vano, abriendo las puertas de rescate a todas las almas que opten por él en libre albedrío e impregnando de lo crístico la consciencia planetaria, el cuerpo etérico de la Madre Tierra y el consciente colectivo de la humanidad.

¿Fue el Temple parte de un amplio Plan Crístico?

Las referencias a Cristo están presentes en muchas tradiciones y escuelas espirituales. Es el Verbo que, emanando desde lo Inmanifestado, origina, impulsa, vivifica y sostiene lo Manifestado y la Creación. Y Cristo encarnó en la Madre Tierra como Jesús de Nazaret en un momento determinante para la humanidad, exactamente el que correspondía en función del devenir de los ciclos -menores y mayores- y de la evolución consciencial. Su vida y obra se dirigió a nutrir y expandir la consciencia humana y del planeta y su cuerpo etérico, transformado en Cuerpo Crístico, para poner en marcha la dinámica que conduce a la mutación vibracional de la Tierra y al surgimiento de una nueva generación humana, la que ya late en el corazón y brilla en el alma de tantas personas. Tras la encarnación crística en Jesús, se viene desplegando un "Plan", cuyo examen escapa de estas páginas. En lo que aquí ocupan, baste con señalar que incluye la configuración de tres organizaciones aparentemente distintas entre sí, pero íntimamente entrelazadas:

+La Orden templaria, creada tanto para preservar el auténtico mensaje de Jesús y su genuina figura (existía un alto riesgo de olvido y tergiversación bajo la manipulación y la red de intereses de la Iglesia de Roma) como para rescatar y poner en valor determinados saberes y prácticas energéticas y espirituales que la humanidad posee desde hace miles de años, pero que corría el peligro de perder.

+La Orden franciscana, cuyo nacimiento y despliegue tiene como objeto llevar a cabo en el interior de la Iglesia el mismo trabajo que la templaria efectúa en el exterior: asegurar la permanencia de la verdadera figura de Jesús, no la manipulada por la jerarquía eclesiástica y los intereses creados, y la fidelidad hacia su auténtico mensaje de Amor.

+Y, finalmente, una sociedad secreta que, tras la disolución del Temple y aprovechando la aureola histórica que generó la intervención política y religiosa contra ella, creciera en múltiples ramificaciones interrelacionando los valores espirituales, en sentido estricto, con otros de contenido filosófico, científico y ético (social, político, ...) que abrieran nuevas perspectivas y escala de valores en la humanidad.

> El objetivo de todo ello consiste en coadyuvar a que, llegado el momento, acontezca la Parusía por Cristo Jesús, haciendo que la Sabiduría y el significado profundo de las enseñanzas de Cristo Jesús se mantengan presentes y activos como llama viva de la misma, especialmente en Occidente, donde la pérdida del sentido de lo trascendente se haría, como así ha sido, más acusada a lo largo de los siglos; y los poderes densos y materialistas, más fuertes y consolidados.

Las curiosas señas básicas de identidad del modelo geoestratégico templario

Repasada la historia del Temple en el capítulo precedente, sintetizado sus saberes en el que este epígrafe cierra y con la mirada ya puesta en el ámbito territorial que es eje central de este libro, es momento de entrar de lleno en un tema sobre el que se ha escrito con profusión: el peculiar modelo geoestratégico de localización diseñando y utilizado por la Orden del Temple a lo largo de sus doscientos años de existencia oficial.

Numerosos autores se han ocupado de ello y desde distintas perspectivas. En el apartado de Bibliografía de este texto se recogen las referencias de algunas de estas obras. De sus aportaciones, pueden definirse cuatro curiosas señas básicas de identidad del citado modelo:

1. Empeño, rayando en lo obsesivo, tanto en el examen minucioso de las ventajas comparativas del territorio del que se trate como en su rentabilización mediante el emplazamiento exacto de sus dominios y castillos.
2. El gusto por la geometría y la reproducción de escalas en el diseño del mapa de

ubicación de sus encomiendas, fortalezas y posesiones.
3. La equidistancia y las causalidades numéricas entre ellas.
4. La preferencia por los recintos con raigambre espiritual y carga energética.

Sin embargo, estando clara la teoría, no abundan los ejemplos que hayan podido estudiarse con base en hechos comprobados, circunstancias y datos históricos objetivos y conclusiones contrastables.

Pues bien, la llegada, expansión y afianzamiento del Temple en los amplios espacios que tuvo bajo su control entre las hoy provincias de Badajoz, Huelva y Sevilla (en gran parte, lo que fue el antiguo Reino de Sevilla) es una demostración patente -como se podrá cotejar a lo largo de las páginas que siguen- de los perfiles y características de tal modelo; y representa un caso práctico de indudable valor en el conocimiento del modus operandi de la Orden.

Para desarrollar este asunto, en el próximo capítulo se empezará por efectuar una breve síntesis acerca tanto del abolengo y procedencia de los castillos ubicados en la provincia de Huelva y que jalonan la Sierra de Aracena y Picos de Aroche -Almonaster, Aracena, Aroche, Cala, Cortegana, Cumbres Mayores, Encinasola, Santa Olalla y Zufre- como de la conquista cristiana de esta comarca, tan conflictiva como dilatada -no puede darse por finiquitada antes de la firma de los acuerdos de Badajoz, en 1267-.

Y a continuación, se recordará el proceso de asentamiento de la Orden del Temple en el entorno territorial más cercano a esa serranía onubense, esto es, tanto al norte como al sur de la misma:

- Primero, al norte, con la configuración del extenso Bayliato de Jerez de Badajoz -hoy Jerez de los Caballeros, en memoria precisamente de los templarios- que llegó a configurarse como la mayor encomienda templaria de la península ibérica, con castillos tan notables como el del propio Jerez, Burguillos del Cerro o Fregenal de la Sierra.
- Y después, ya en el capítulo IV, al sur, tras la toma cristiana de Sevilla y el llamado repartimiento, interesando especialmente al objetivo de este libro las ubicaciones queridas y logradas por la Orden en La Rábida y la Isla de Saltés, en plena costa atlántica.

Todo lo cual permitirá dibujar con precisión el mapa templario en la zona hacia mitad del siglo XIII y sopesar el modelo geoestratégico usado en fijación de las posesiones, constatando, además, entre otras cosas, el origen templario del Castillo de Cortegana, lo que pone la guinda al modelo de localización usado por el Temple en el reiterado eje territorial.

CAPÍTULO III
LA SIERRA DE HUELVA
Y EL BAYLIATO DE JEREZ

Apuntes sobre la protohistoria comarcal de la sierra de Aracena y los Picos de Aroche

La serie de castillos que actualmente adornan la Sierra de Aracena y Picos de Aroche está constituida por nueve fortalezas ubicadas en las localidades onubenses de Almonaster, Aracena, Aroche, Cala, Cortegana, Cumbres Mayores, Encinasola, Santa Olalla y Zufre.

Es sabido que numerosos castillos de los que pueblan la península ibérica y, dentro de ella, Andalucía, se asientan sobre antiguas construcciones erigidas hace miles de años por arcaicas culturas con fines defensivos, religiosos o de ambos tipos a la vez. Pues bien, a este esquema responden también buena parte de los amurallamientos citados. No en balde, la primigenia presencia humana que se conoce en la comarca se remonta a la era prehistórica.

Sin ánimo de exhaustividad, valgan como botón de muestra los restos arqueológicos del Neolítico hallados en la zona de Zufre; o los de la cultura megalítica (III milenio a.C.) de la Cueva de la Mora, en la aldea de la Umbría. Sin duda, la riqueza de minerales por todo el área ha sido un factor constante de atracción, propiciando el surgimiento de diversos asentamientos, como el poblado de Castañuelo, muy próximo a la aldea del mismo nombre y a cuatro kilómetros de Aracena, en el que se distinguen dos culturas diferentes: una perteneciente a la Edad del Bronce (II milenio a.C.) y otra a la Edad del Hierro (mediados del I milenio a.C.).

De esa Edad del Bronce existe en toda la serranía amplia representación de yacimientos, destacando tumbas tipo cistas. Y sobre estos pilares civilizatorios se establecieron después pueblos de origen celta, como se evidencia en el término municipal de Encinasola, donde se encuentran reminiscencias de hasta siete poblados celtíberos.

La posterior romanización fue tardía en estos lares. Y se debió sobre todo a la explotación de los recursos mineros de la zona, así como a la riqueza agropecuaria. De hecho, el origen de Aracena y otras poblaciones se retrotrae a explotaciones mineras, en torno a las cuales se fueron generando pequeños núcleos agropecuarios que sustentaban el establecimiento.

Diferentes poblaciones romanas alcanzaron cierta importancia. Ejemplos de ello siguen vivos en Aroche: Conjunto Arqueológico de Turobriga, ciudad fundada en la época de Nerón; Cumbres Mayores, la población más importante de las tres que surgieron tras el despoblamiento de la ciudad romana de linaje céltico llamada *Concordia Julia Netobriga*; en Encinasola, asentamientos romanos de la Peña de San Sixto, el Cerro de las Cortes y el Arco del Triunfo del Palomar; o en Zufre, que se origina en la época romana y en el aprovechamiento de la vía Esari Pax Iulia que, en el siglo I, enlazaba Híspalis con Emérita Augusta y cruzaba tierras zufreñas.

La red de castillos serranos

Y tras los romanos, los visigodos y, sobre manera, los árabes se afincaron en el territorio que aquí ocupa.

Con lo que, sin detallar más antecedentes históricos, se puede sintetizar así la información que se maneja acerca del origen de cada uno de los castillos de la Sierra de Aracena y Picos de Aroche:

+Almonaster: Fue un fortín romano y una basílica visigoda. Posteriormente, los árabes recrearon el recinto y levantaron en el siglo X la mezquita que aún continúa en pie.

+Aracena: Aunque su linaje casi seguro es más antiguo, su edificación data de la dominación musulmana, con varias fases y remodelaciones entre las que sobresale la acometida en los albores del siglo XIII.

+Aroche: Se han hallado cerámicas prerromanas en sus inmediaciones y, según el historiador Antonio Garfia, su base edificatoria procede de un anfiteatro romano levantado entre los años 97 y 120 de nuestra era. No obstante, su vigente estructura es musulmana. Específicamente y a raíz de últimas excavaciones, no es almorávide del siglo IX, como tradicionalmente se ha pensado, sino almohade, de entre los siglos XI-XII.

+Cala: Si bien la villa existía mucho antes -la Restituta Llulia romana-, el fuerte sobre el cerro que domina la población data de la época tardía árabe, finales del siglo XII y comienzos del XIII.

+Cortegana: Se carece de documentación cierta acerca de su edificación, más allá de las monedas árabes que se han encontrado en el cerro sobre el que se asienta. Con los datos disponibles se puede deducir que no fue asentamiento musulmán, sino que se erigió tras la toma cristiana de la zona y más como estratégica Casa-Fuerte que cual gran amurallamiento.

+Cumbres Mayores: Sin descartar que pudo haber existido un fortín romano, se construyó por impulso de Sancho IV. Concretamente, el monarca dictó un privilegio, dado en Toro el 4 de noviembre de 1293, autorizando al Concejo de Sevilla el levantamiento de castillos para la defensa de su alfoz (conjunto de diferentes pueblos que dependen de otro principal y están sujetos a una misma ordenación). Afirma este privilegio: "Sepan quantos esta carta vieren como nos, don Sancho por la graçia de Dios rey de Castiella, de León, de Toledo, de Galicia, de Sevilla, de Córdoba, de Murçia, de Jaén e del Algarbe, e señor de Molina, por fazer bien e merçed al conçejo de la noble çibdad de Sevilla e porque nos embiaron dezir que avien acordado de fazer castiellos e fortalezas, uno en las Cumbres e otro en Santaolalla, porque eran mucho a serviçio de Dios e nuestro e a grand pro e guarda de toda essa tierra, porque con los otros castiellos e las otras fortalezas que son en esa syerra podría ser guardada toda esa tierra muy bien". Como puede observarse, en este documento histórico se hace mención expresa a los castillos de Cumbres Mayores y Santa Olalla, sin que se nombren otras fortalezas de la comarca. Igualmente, contiene la frase "...por que con los otros castiellos e las otras fortalezas que son en esa syerra podría ser guardada toda esa tierra muy bien...", que pone de manifiesto que con estos dos nuevos amurallamientos quedaba definitivamente configurado el plan estratégico diseñado por Sevilla para la defensa del sector noroeste de su reino, sin que se tuvieran previstas otras construcciones posteriores. Volviendo al Castillo de Cortegana, esto permite deducir que ya estaba en pie previamente a esta iniciativa real, esto es, con anterioridad a 1293.

> En 2021, se hizo un sorprendente hallazgo en el Patio de Armas del Castillo de Cumbres Mayores: un grupo de 34 menhires -conjunto de piedras dispuestas verticalmente y formando círculos- con una datación que los ubica hacia el 5.000 y 3.000 a.C.
>
> Constituye un espléndido ejemplo de la arquitectura megalítica en Andalucía y su valor es indudable, abriendo interrogantes acerca de su procedencia exacta y las motivaciones de su construcción hace cinco, seis o siete milenios. Los primeros estudios parecen indicar una funcionalidad astronómica, por lo que, uniendo todas sus características y lo que evoca, se le ha llamado el «Stonehenge» español.
>
> 32 de los menhires tienen diferentes grabados, que representan escenas de pastoreo y de las labores tradicionales. Y en el conjunto destaca una escultura cilíndrica y antropomorfa muy enigmática.

+Encinasola: Su edificación, como el de los arrabales, arrabacines y altozano de la población, obedece a la mano musulmana. Sus restos evidencian que se trató de una fortaleza de notables dimensiones, lo que no puede extrañar dada la posición geoestratégica del lugar.

+Santa Olalla: Su construcción ya se ha abordado a propósito del Castillo de Cumbres Mayores y el privilegio dictado por Sancho IV en 1293. Tal documento regio indica claramente que se trata de erigir un nuevo castillo. No obstante, Alfredo J. Morales, en su obra *Arquitectura Medieval de la Sierra de Aracena*, ha demostrado que la construcción no fue de nueva planta, sino reforma de una edificación musulmana ya existente, procedente del siglo XII o aún antes (se basa para ello en el análisis arquitectónico de la puerta principal, la realización de los muros con argamasa y determinadas intervenciones en las torres rectangulares).

+Zufre: Aun existiendo en la zona numerosos restos arqueológicos romanos y visigodos, fueron los árabes quienes, conscientes de la significación del sitito como vía de acceso desde la Sierra y Portugal hacia Sevilla, alzaron este alcázar, con una gruesa muralla blindada con torreones.

Resumiendo lo expuesto y sin menoscabo de la existencia de asentamientos previos de la época romana, la mayor parte de los castillos de la comarca se deben al quehacer musulmán, fundamentalmente entre los siglos XI y XII, por más que tras la conquista cristiana de la serranía -cuyos rasgos fundamentales se pergeñan en el próximo epígrafe- fueran objeto de remodelaciones y reformas. Las excepciones a esta regla general vienen constituidas por las fortalezas de Cumbres Mayores -hasta que se demuestre lo contrario, su levantamiento se efectuó tras el impulso de Sancho IV en 1293- y Cortegana -por lo ya enunciado, su edificación es posterior a la toma cristiana de la villa (como se verá de inmediato, en torno a 1230) y anterior a 1293-.

Heterogeneidad en tiempos y protagonistas

La toma cristiana del área geográfica que se analiza se ajustó a un modelo singular, con repercusiones directas en los fines de estas páginas, caracterizado por su heterogeneidad en tiempos y protagonistas. Esto ocasionó después un conflictivo y prolongado litigio a varias bandas entre los propios conquistadores, lo que terminó generando varias décadas de inestabilidad e inseguridad en la Sierra de Huelva y ralentizó su repoblación.

Así, primeramente, entre 1230 y 1233, las huestes lusas de la Orden del Hospital de San Juan de Jerusalén u Orden de San Juan de Acre -hoy Orden de Malta-, comandadas por su prior, Alfonso Peres Farinha, se adentraron por la parte occidental de la comarca y fueron haciendo suyas las distintas plazas que hallaron a su paso (Encinasola, Aroche, Cortegana) hasta tomar Aracena.

Esta incursión tuvo su razón de ser en una iniciativa fomentada por el rey portugués Sancho II, que arrancó desde Évora y Beja con la intención de descender hacia el sur y hacerse con el valle del Guadiana. Pero cuando los caballeros de San Juan lo cruzaron y tomaron Moura y Serpa en 1230, el soberano permitió a la Orden el establecimiento de sendos conventos-fortalezas y que se aventurara en dirección este, marchando sobre la antigua calzada romana que comunicaba Pax Iulia con Hispalis. De esta manera, los hospitalarios se introdujeron en la zona oriental del reino árabe de Sevilla, su flanco más débil y despoblado, llegando hasta Aracena.

Hubo que esperar tres lustros para que las tropas castellano-leonesas lideradas por Pelay Pérez Correa, maestre de la Orden de Santiago de origen portugués, penetraran por el otro flanco de la sierra onubense, el oriental, tomando las villas allí ubicadas (Arroyomolinos, Cala, Santa Olalla, Zufre).

En aquellas fechas, Fernando III *el Santo* estaba centrado en la toma del valle del Guadalquivir y había conquistado Baeza (1227), Úbeda (1233), Córdoba (1236) y Jaén (1245), siendo Sevilla su siguiente y principal objetivo, aunque no lo alcanzaría hasta finales de 1248. No obstante, delegó en su lugarteniente santiaguista una intervención militar en la zona donde hoy se dan la mano las provincias de Badajoz, Huelva y Sevilla con el doble objetivo de menoscabar a los musulmanes y frenar la expansión lusa. La ofensiva militar se culminó triunfalmente en 1246, cayendo derrotadas las tropas árabes en la batalla de Tentudia -Monesterio (Badajoz)-, lo que permitió a Pelay Pérez Correa asumir el control de esta zona de la Baja Extremadura y la parte oriental de la Sierra onubense, conjunto territorial que quedó bajo el influjo de la Orden de Santiago.

Por tanto, la conquista de la comarca tuvo tres señas de identidad:

- La apropiación múltiple del espacio (árabes, lusos y castellano-leoneses).
- El papel especialmente relevante de las órdenes militares, dada la prioridad de los reyes cristianos por el control de los valles de los ríos Guadiana y Guadalquivir, que delimitan el entorno del territorio afectado.
- La confrontación latente entre los propios conquistadores, tanto entre ambas casas regias como entre estas y las órdenes militares.

Conflictos entre los conquistadores

El primer conflicto no tardó en producirse. Sancho II murió destronado en 1248 y su hermano Alfonso III, que se había sublevado contra él, le sucedió en la corona y arremetió contra los que se habían mantenido fieles a su antecesor, entre ellos el prior de la Orden del Hospital de San Juan. Así, en 1251 el nuevo monarca luso confiscó a los hospitalarios tanto Aroche como Aracena, además, probablemente, de Serpa y Moura.

Esta circunstancia ha sido interpretada por algunos autores cual reconquista de ambas plazas de manos del Islam, que teóricamente las habría recuperado tras su primera toma cristiana hacia 1230. Pero no fue el caso. La pugna estalló entre cristianos portugueses por motivos sucesorios. Y tuvo como resultado la asunción por la monarquía de las plazas que inicialmente había hecho suyas la Orden hospitalaria.

Pero en paralelo a estos acontecimientos subyacía la rivalidad luso/castellana. Y Alfonso III pudo constatar como Fernando III, tras hacerse con la ciudad hispalense, acometía la repoblación del Reino de Sevilla, que había incluido históricamente la parte occidental de la Sierra onubense ocupada por el portugués. Consciente de su inestable posición y preocupado sobre todo por mantener el control del Algarve, Alfonso III aceptó un acuerdo con los castellano-leoneses, que se suscribió siendo ya rey Alfonso X *el Sabio*, que subió al trono tras la muerte de su padre en 1252.

El pacto se ajustó a los usos del derecho feudal y conllevó tres acuerdos principales: el matrimonio de Alfonso III con la infanta Beatriz, hija ilegítima de los amores jóvenes entre Alfonso X y la bella doña Mayor Guillén de Guzmán; la prestación de homenaje por el Algarbe por parte del soberano luso, que, a cambio de esta pleitesía, recibió tal territorio como feudo y dote del casamiento; y, por fin, el compromiso de que, si del enlace conyugal naciera un niño que alcanzase la edad de siete años, este heredaría el Algarve en plena propiedad.

Con este telón de fondo, el 6 de diciembre de 1253, Alfonso X otorgó un privilegio al Concejo de Sevilla donde se delimita por el oeste, hasta la línea del Guadiana, el alfoz hispalense, relatando los núcleos poblacionales, desde Zufre a Moura y Serpa, pasando por Aracena y Cortegana. De este modo, se fraguó una limitación precisa entre las casas reales castellano-leonesa y lusa para actuar cada una a un lado del río Guadiana. Esta circunstancia fue favorecida por el hecho de que sus márgenes estaban lo suficientemente despoblados como para evitar enfrentamientos.

El pacto referido consolidó la influencia de la Orden de Santiago en el área oriental de la Sierra de Huelva. Y posibilitó, en un primer momento, que la del Hospital recobrara presencia en Aroche y en la banda oriental de aquella. No obstante, tras tomar Niebla en 1262, Alfonso X se mostró decidido a controlar el territorio del conjunto del alfoz de Sevilla y evitar la existencia de un corredor serrano en manos no ya portuguesas, sino de una orden militar, con acceso directo hacia la capital andaluza. Por ello, devolvió Moura y Serpa a la Orden del Hospital, pero no Aroche, que, como Aracena y todo su entorno, quedó bajo total dominio regio.

Con los antecedentes anteriores, se entienden bien los acuerdos de Badajoz de 1267, firmados de nuevo entre Alfonso III y Alfonso X. Por ellos, el Guadiana se afianzó como frontera geográfica entre ambos reinos: el monarca portugués renunció a cualquier derecho entre los ríos Guadiana y Guadalquivir y, habiendo nacido un hijo varón de su matrimonio con Beatriz, recibió el Algarve libre de cualquier vasallaje. A esto hay que sumar que en 1271 la Orden del Hospital, a cambio de otras plazas en León, cedió a la Corona castellano-leonesa sus derechos sobre Moura y Serpa (ambas pasarían a manos lusas en 1295, como dote en el casamiento entre Fernando IV, hijo de Sancho IV y María de Molina, y la infanta portuguesa Constanza).

El control castellano-leonés y las secuelas de los litigios

Quedó así definido, por fin, el control castellano-leonés sobre el conjunto de la Sierra de Aracena y Picos de Aroche. Allá por 1284, año en el que falleció Alfonso X, probablemente ya se plasmaba fehacientemente en la organización de la defensa del territorio a través de una doble línea de fortalezas, con el Castillo de las Guardas (Sevilla) como punto de apoyo:

- Por un lado, los amurallamientos de Aroche, Cortegana y Aracena, para proteger la antigua calzada romana que unía Beja y Sevilla.
- Por otro, los de Encinasola, Torres, Fregenal y Cala, para hacer lo propio en el siguiente camino al norte, procedente de Portugal.

Y para cerrar aún más este complejo defensivo, Sancho IV adoptó en 1293 la decisión ya comentada de construir los castillos de Cumbres y Santa Olalla. Este, junto al de Zufre, sirvió también de límite con la jurisdicción de la Orden de Santiago en el sureste de Badajoz, organizada en torno a Calera de León y el Monasterio de Tentudia, donde reposan los restos mortales de su Maestre Pelay Pérez Correa.

Con todo ello y más allá de tratados y pactos, tantos lustros de belicosidad y enfrentamientos entre los propios cristianos dificultaron la repoblación de la comarca, donde tuvo que cundir en ciertos periodos un sentimiento de desasosiego y abandono institucional. Y provocaron un hecho aciago que es determinante para comprender epígrafes posteriores de este texto: la extensión del saqueo y el latrocinio por la Sierra de Huelva, con impactos, para colmo, en áreas limítrofes, como el Bayliato de Jerez de los Caballeros, en el que se centra el siguiente apartado.

Abundaron el pillaje y la depredación protagonizados por partidas de bandoleros conformadas, en buena parte, por gente que había participado en la toma cristiana y que, concluida esta, se buscaba la vida aprovechando los conflictos entre los conquistadores para campar a sus anchas por la serranía, especialmente por sus zonas menos protegidas al carecer -como le sucedió a Cortegana durante varias décadas tras la conquista- de castillos con destacamentos reales o del Concejo hispalense.

El Bayliato de Jerez de los Caballeros y el Fuero del Baylío

El denominado Fuero del Baylío rige en la actualidad en 19 localidades pacenses, dos al norte de Badajoz -La Codosera y Alburquerque- y las demás englobadas en un amplio territorio alrededor de Jerez de los Caballeros, al norte de la serranía onubense. Específicamente, esta zona va desde Olivenza a Fuentes de León -de norte a sur- y desde Cheles a Atalaya -de oeste a este-.

Jurídicamente puede ser definido como derecho consuetudinario consistente en partir por la mitad todos los bienes del matrimonio, sean de la naturaleza que sean, con motivo de la disolución del mismo, tanto por fallecimiento de uno de los cónyuges como por divorcio o nulidad. Tal régimen de comunidad universal de bienes rige desde la celebración del casamiento y atañe a los cónyuges naturales -también cuando solo sea el varón- de las referidas localidades, se casen dentro o fuera del territorio en cuestión, tanto en España como en el extranjero. Igualmente, se consideran aforados los varones que, aún no naciendo en las poblaciones donde tiene vigencia el Fuero, adquieran la vecindad en cualquiera de ellas (no rige, en cambio, para aquellos matrimonios cuyos cónyuges hayan nacido en lugares distintos y únicamente se casen en las localidades aforadas).

El origen del Fuero del Baylío radica en un privilegio medieval dado a los guerreros cristianos que participaban en las expediciones contra los árabes, al objeto de contribuir a los asentamientos y la repoblación de las tierras conquistadas. Parece que se aplicaba en Portugal y fueron los templarios los que lo trajeron a Castilla.

Entre las prebendas que suponía se encontraban la exención de alcabalas, la donación de tierras y el reconocimiento a las mujeres de los guerreros de los mismos derechos de propiedad sobre esas tierras que sus maridos, que marchaban a las contiendas. De este modo se pretendía que la mujer se asentara en las zonas conquistadas, incentivándolas con la propiedad de las tierras ganadas por su cónyuge.

Concretamente, en torno a 1230 se constituyó el Bayliato de Jerez (se denomina bayliato a un centro de influencia templaria y baylío al responsable de la Orden en el mismo) y en él se reguló este Fuero, que ha llegado hasta nuestros días.

La conformación del Bayliato de Jerez

Efectivamente, entre 1229 y 1230 Alfonso IX de León acometió una exitosa expedición por Extremadura, logrando someterla bajo su dominio gracias, entre otras cosas, al apoyo de las órdenes militares. Como narró en 1892 Matías Ramón Martínez, en su obra *El Libro de Jerez de los Caballeros*, ganada Badajoz con las armas de los caballeros del Temple y Mérida por los de Santiago, extendieron unos y otros su avance victorioso hasta Sierra Morena, apoderándose los primeros de la parte próxima a la frontera lusa y aún de la comarca del Alentejo, mientras los segundos llegaban hasta Reina y Llerena.

Por tanto, los templarios desarrollaron una política de expansión por tal área que dio lugar a la formación del Bayliato de Jerez, con base en las donaciones territoriales realizadas por Alfonso IX o, en el caso de algunas plazas que aún no habían sido realmente conquistadas, promesas de donación que no se hicieron efectivas o adquirieron carta de naturaleza jurídica hasta el reinado de su hijo, Fernando III.

No en balde, al igual que había hecho con su predecesor, el Temple colaboró activamente en la estrategia de extensión territorial acometida por el rey *Santo*. Y aún antes de la toma de Sevilla, el monarca la recompensó con notables donaciones, tanto nuevas como en confirmación de otras ya realizadas o pactadas; y tanto fuera del bayliato que aquí ocupa, como las de Capilla y Almorchón, en 1236, como dentro del mismo: Alconchel, Burguillos del Cerro, Fregenal de la Sierra y Jerez.

Así, en un diploma fechado el 25 de mayo de 1248 (la conquista de la capital hispalense se produjo medio año más tarde, el 23 de noviembre) por el que se otorga el castillo de Montemolín a la Orden de Santiago, se describen los límites de su término con relación a las posesiones templarias, citando entre estas Burguillos, Jerez y Alconchel.

Fue de este modo como, antes de la toma cristiana de Sevilla, el Temple controlaba un vasto territorio al sur de Badajoz y norte de la Sierra de Huelva que se extendía a lo largo de 2.889 kilómetros cuadrados —verbigracia, un 30 por 100 más que la actual provincia de Vizcaya-. Esto es, el dominio más importante de la Orden en la península ibérica, divido en varias encomiendas (la encomienda era la unidad productiva, que se organizaba en prioratos por motivos organizativos, que no de jerarquía, a la que los templarios eran pocos aficionados en su condición de "Pobres Caballeros de Cristo"):

- Alconchel, con Bancarrota, Cheles, Oliva de la Frontera, Olivenza, Táliga, Valencia de Monbuey, Villanueva del Fresno y Zaino (Ceinos).
- Burguillos del Cerro, con Atalaya, Valencia del Ventoso y Valverde de Burguillos.
- Jerez de Badajoz, con Valle de Matamoros y Valle de Santa Ana.
- Fregenal de la Sierra, con Bodonal de la Sierra e Higuera la Real.

En este marco, los templarios fijaron en Jerez la capital del bayliato. Así lo testimonia, por ejemplo, el acta del capítulo que los templarios celebraron en el solsticio de verano de 1272 y que Matías Ramón Martínez recoge en su obra ya mencionada. En ella, escrita en un lenguaje mixto de español y portugués, se delimita el lindero del término de Valencia del Ventoso, finalizando con la expresión: "Fecha en Xerez XXIV días del mes de Junio, Era de MCCCX años".

Y esta condición capitalina fue mantenida por Jerez hasta 1312, año en el que, tras la disolución de la Orden del Temple, se convirtió en villa de realengo -incorporada plenamente a la Corona-, siendo ya rey Fernando IV (la bula del papa Juan XXII decretó que las posesiones templarias pasaran a manos de la Orden de San Juan del Hospital, pero la monarquía castellano-leonesa se negó con el argumento de que los dominios del Temple le habían sido donados por ella).

Una posesión azarosa

No obstante, la posesión de estas tierras fue azarosa. Por un lado, en 1240, fue precisa una nueva campaña para asegurar la dominación cristiana de la Extremadura meridional ante el hostigamiento constante de las huestes musulmanas.

Y ya en la segunda mitad del siglo XIII, la geografía del bayliato se vio afectada, como se señaló antes con referencia a la serranía onubense, por la inseguridad y el bandolerismo. Los hechos debieron adquirir la suficiente gravedad como para que Alfonso X dejara constancia de ello en sus célebres *Cantigas* (o *Cántigas*) *de Santa María*, afirmando que, en el castillo guerrero de Burgos, fronterizo al de Xerez de Badajoz, suelen andar ladrones. Así dice exactamente la *Cantiga 199*:

> *Por en direi un miragre*
> *Que fez por un peliteiro*
> *Que morauna na fronteira,*
> *En un castelo guerreiro*
> *Que Burgos este chamado,*
> *Et demais está fronteiro*
> *De Xerez de Badallouce,*
> *U soen andar ladroes.*

("Por tanto, diré un milagro que hizo por un pellejero que vivía en la frontera, en un castillo guerrero que es llamado Burgos, y además está frontero de Xerez de Badajoz, donde suelen andar ladrones").

En general, situaciones así, junto con los problemas de repoblación de las tierras recién tomadas, no pueden extrañar demasiado teniendo en cuenta las secuelas de las guerras de conquista -con impactos muy negativos en la economía, los medios de subsistencia y la convivencia cotidiana-. Eso sí, sorprende en el caso del Bayliato de Jerez al estar bajo el control del Temple, una organización religioso-militar ciertamente potente, y que contaba en el territorio con una extensa red logística de castillos, encomiendas y prioratos.

Por esto, es lógico suponer que buena parte del pillaje fuera ejercido por partidas de bandidos ubicadas en zonas limítrofes al bayliato, pero ajenas a él, y que solo entraban en este para realizar sus desmanes, retornando rápidamente a sus lugares de origen.

En este sentido y repasando el entorno geográfico, la Sierra de Huelva se presentaba como paraje muy atractivo para el refugio y asentamiento de los bandoleros, que valorarían, sin duda, su vecindad con el bayliato, la orografía propicia para el escondite y la inseguridad e inestabilidad que la propia serranía onubense sufría. Ámbitos de esta, como la zona de Cortegana, falta de la protección de una fortaleza, despertarían especialmente su interés.

CAPÍTULO IV
EL MODELO GEOESTRATÉGICO TEMPLARIO Y SU PLASMACIÓN EN EL EJE BADAJOZ-HUELVA-SEVILLA

La conquista del Reino de Sevilla

Con la conquista de Sevilla en 1248 por parte de Fernando III *el Santo* (Valparaíso 1201 - Sevilla, 1252) concluyó un largo periodo, más de medio milenio, de Sevilla musulmana. Tuvo este su inicio en 712, cuando Muza la conquistó al frente de un ejército de 18.000 hombres, sobre todo adnaníes y yemeníes y algunos bereberes (pronto se sumarían a ellos los muladíes, es decir, los hispano-visigodos que optaron por convertirse al Islam). Y durante los 536 años que transcurrieron hasta la toma cristiana, la urbe fue un continuo ajetreo de sucesos, perfiles y linajes fundamentales para el propio devenir de Al-Andalus.

Hay que recordar que Sevilla dependió primero del califato de Córdoba, viviendo un ciclo de cierta decadencia. Posteriormente, superado el umbral del año mil, se constituyó en el reino Taifa más importante de Al-Andalus. Como tal, osciló del refinamiento cultural y artístico de Almutamid a la austeridad y el puritanismo de los almorávides. Y, finalmente, disfrutó de una etapa de esplendor y magnificencia con la llegada de los almohades en 1147.

Fueron estos los que ampliaron su perímetro urbano, reconstruyeron y fortalecieron sus murallas, levantaron una nueva y gran mezquita con un imponente alminar, tendieron un puente hacia el otro lado del Guadalquivir como enlace hacia el Aljarafe, abastecieron al caserío de agua potable y edificaron el bastión defensivo de la Torre del Oro, con un juego de cadenas que impedía a voluntad el tráfico naval por el río. Todo ello tuvo mucho que ver con una de las principales características de la toma de Sevilla por las huestes de Fernando III: su enorme dificultad.

Ante el temor provocado por la conquista de Jaén por el "rey santo", Isbiliya firmó con él un acuerdo en 1246 mediante el que reconocía su autoridad y la obligación de pagarle tributos. Este hecho fue entendido por algunos cual inadmisible claudicación, provocando la rebelión de una parte de la población. Este fue el pretexto para que Fernando determinara la conquista de la ciudad.

Al adoptar esta decisión, el monarca castellano era plenamente consciente de que las murallas de la urbe, tras las obras almohades, eran inexpugnables y que las cadenas de la Torre del Oro impedían maniobrar desde el río. Por ello, optó por el asedio con el objetivo de rendir Sevilla por el hambre, misión igualmente complicada, pues el puente almohade -bien protegido desde los castillos después llamados de San Jorge y de San Juan de Aznalfarache- facilitaba el abastecimiento de alimentos provenientes del Aljarafe por más que los cristianos talaran los bosques y estragaran los campos que circundaban la ciudad.

No es de extrañar, por tanto, que el asedio se dilatara de manera desesperante. De lo inextricable y trabajoso que se presentó da idea la circunstancia de que Fernando estuviera varias veces tentado de desistir en el empeño. Como testimonia Antonio Ballesteros en *Sevilla en el siglo XIII* (Madrid, 1913), "en más de una ocasión lo porfiado de la resistencia hizo vacilar a Fernando de Castilla y con tristeza expresaba a los suyos que quizás aquella empresa estuviera reservada a su heredero o a otro monarca más afortunado". Buena prueba de este sentimiento es la carta que Ballesteros recopila en su libro, fechada el 11 de enero de 1248, dirigida por Fernando III a Pelay Pérez, Maestre de la Orden de Santiago.

Finalmente, el almirante Bonifaz diseñó un osado plan dirigido a remontar con su flota el Guadalquivir y romper la cadena y el puente de barcas que unía la ciudad con el arrabal de Triana y el Aljarafe, para dejarla definitivamente aislada y a su suerte. La misión parecía del todo imposible, pero la pericia de Bonifaz y sus hombres la coronaron con éxito el 3 de mayo de 1248. Esto, unido a una terrible y mortífera epidemia que asoló a la urbe en el inmediato verano, precipitó la rendición de la villa.

Y Fernando III, hijo del feroz Alfonso IX de León y la astuta Berenguela de Castilla, entró en Sevilla. Lo hizo como lo que era: un guerrero. Y es que con independencia de sus incontrovertibles convicciones religiosas y de sus indudables valores humanos, el soberano fue un guerrero en el sentido pleno del término, incluida la bravura, la crueldad y la fiereza que a ello se le presupone. Solo así logró obtener el trono de León contra los intereses de Sancha y Dulce, hijas del primer matrimonio de su padre, aunando las coronas de Castilla y León; mantener bajo control a la pendenciera nobleza castellana, que desde el principio de su reinado, en 1217, nunca se lo puso fácil; y acometer una amplia y victoriosa labor conquistadora.

Tras la tremenda derrota sufrida por los almohades en Las Navas en 1212, el sueño de un Al-Andalus imperecedero empezó a desmoronarse. Cerca del ecuador del siglo XIII, Fernando III desplegó un imparable avance hacia el corazón de la más floreciente cultura de la época, donde una sociedad volcada en el refinamiento, el goce de vivir y la búsqueda del saber contempla impotente como el cada vez más pujante ejército castellano le arrebata una a una las ciudades que competían con las más afamadas de Oriente. Tras estas victorias, el "rey Santo" puso sus ojos en la más hermosa ciudad andalusí: Sevilla, la perla del Guadalquivir, comparable a Bagdad y Damasco, convirtiéndose en el hombre que más territorios arrebató a los musulmanes.

La obsesión expansionista y los éxitos guerreros de Fernando III significaron el ocaso de Al-Andalus, por mas que la presencia árabe en el sur de la península, constreñida prácticamente al reino de Granada, perdurara aún dos siglos y medio después de su muerte. La toma cristiana de Sevilla representó, de hecho, la destrucción del sueño andalusí.

El último reino templario

El Temple acompañó a Fernando III en su marcha hacia el sur, principalmente a lo largo de Extremadura, donde la Orden acometió una notable expansión en apoyo a la política del soberano. El monarca la recompensó con donaciones que terminaron por configurar, como ya se ha reseñado, la encomienda templaria más importante de la península ibérica, con Jerez de Badajoz como bastión central.

Desde posiciones tan estratégicas, el Temple se configuró en aliado fundamental del rey Fernando para la conquista del Reino de Sevilla, que a la postre, sería la última tierra tomada por el Temple antes de su disolución a comienzos del siglo XIV, pues desde 1248 a 1307 la Orden no participó ya en nuevos envites que acrecentaran, al menos de modo significativo, las posesiones cristianas ni su propio patrimonio territorial. Esto hace de Sevilla el último reino templario.

Volviendo a la historia del Temple comentada en el capítulo I, tan solo medio siglo después de su constitución oficial, la Orden se extendía ya no solo por Tierra Santa y plazas adyacentes, sino también por Alemania, España, Francia, Inglaterra y Portugal. Fue una rápida expansión que contribuyó al notable aumento de su poder y riqueza, que pronto no tuvo parangón en ningún reino europeo y estuvo ligada a importantes victorias militares y conquistas territoriales.

De hecho, los templarios no conocieron ningún revés serio hasta 1187, cuando en la batalla de los Cuernos de Hattin, desfiladero cercano al Mar de Galilea, Saladino, sultán de Egipto, infligió una terrible derrota a un ejército cruzado donde sobresalían los efectivos del Temple. Su Gran Maestre, Gérard de Ridefort, fue hecho prisionero, muchos de sus hombres perecieron y los musulmanes tomaron Jerusalén, poniendo fin al reino allí fundado en el año 1099 por Godofredo de Bouillón, -como ya se expuso, uno de los principales promotores de la creación del Temple-. No obstante, los templarios supieron y pudieron sobreponerse a este lamentable episodio, alternando en las décadas siguientes bastantes éxitos con algunos fracasos.

Pero al acercarse el ecuador del siglo XIII, dos sucesos marcaron el principio del fin de la Orden: por un lado, en 1244, la caída definitiva de Jerusalén en manos islámicas; y por otro, en 1250, la estrepitosa derrota de la Séptima Cruzada, liderada por Luis IX de Francia, a las puertas de Mansura. Los templarios, que gozaban de alta consideración por parte de sus enemigos, negociaron la paz y prestaron al rey Luís, que había caído reo, la fabulosa suma que los árabes exigieron por su rescate. A partir de ahí, el declive del Temple derivó en irreversible, como no hizo sino confirmar la caída en 1291 de San Juan de Acre, lo que le forzó a abandonar los Santos Lugares y situar en Chipre su sede (la isla de Arwad, perdida en 1302, fue la última posesión templaria en Tierra Santa). Próxima estaba ya la fecha del viernes 13 de octubre de 1307 en el que el monarca galo Felipe IV el Hermoso asaltó el Temple de París y precipitó los acontecimientos que derivaron en la disolución oficial de la Orden, en 1312, por el papa Clemente V y la ejecución en la hoguera, dos años después, de su último Gran Maestre, Jacques de Molay.

Pues bien, precisamente a mitad del siglo XIII, cuando el Temple experimentaba el referido punto de inflexión en su historia, que a la postre resultaría definitivo, la Orden se lanzó con éxito, apoyando al rey castellano-leonés Fernando III el Santo, a la conquista de un territorio en manos musulmanas. Se trató de un hermoso, rico y amplio enclave árabe localizado en plena geografía europea y en el corazón de Al-Andalus: el Reino de Sevilla, conformado por las hoy provincias españolas de Huelva, Sevilla y parte de Cádiz y Málaga. Su toma a finales de 1248 y la participación en el repartimiento de plazas, villas, recintos, fincas y propiedades que lo acompañó representó, de hecho, la última conquista templaria.

Así, cuando la retirada era la regla general para el Temple en el contexto de sus dominios europeos y norteafricanos, la excepción vino configurada por la expansión por este territorio andalusí, último lugar donde el Temple pudo izar la bandera de la victoria. Por ello, bien puede ser calificado como "el último reino templario".

Un priorato templario de la ciudad de Sevilla

Así, una vez lograda esta conquista, el Temple tuvo "compás" intramuros de la ciudad, es decir, un espacio con jurisdicción particular dentro de la propia urbe en la principal collación (barrio) de la época, la de Santa María, que ocupaba desde la Huerta de San Francisco a las murallas de la Puerta del Arenal. En un antiguo recinto árabe, adaptado con urgencia a las nuevas necesidades, se ubicó la plana mayor de la Orden llegada a la capital andaluza. Una placa en la calle Zaragoza recuerda hoy la situación del citado compás, denominado de la Pajería.

Se constituyó como priorato, dependiente de la encomienda de Jerez, y con la función central de alojar las huestes de la frontera, ofrecer residencia a los transeúntes y, muy especialmente, mantener a la Orden en conexión con la Corona, dado que tanto Fernando III como Alfonso X fijaron en Sevilla su residencia. Por ello, el priorato hispalense albergó con frecuencia a la élite templaria de Castilla-León.

El Priorato se organizó como era tradicional en los enclaves de la Orden, tanto en cuanto al organigrama y jerarquía, como en lo relativo a la ubicación y distribución física en el referido compás de la Pajería. ¿Quedan en la actualidad algunos vestigios edificatorios de tal ubicación? Siguiendo las indagaciones de Juan Antonio Romero Gómez, pueden situarse en torno al hoy número 60 de la calle Zaragoza, que fue convento de las Carmelitas Descalzas de Santa Teresa de Jesús y en el que esta llegó a alojarse, según ella misma dejó escrito. El edificio fue comprado por su hermano, Lorenzo de Cepeda y Ahumada, al racionero de la Catedral, Pedro Pablo, en 1574. Señalan los documentos que lindaba por una parte con el Hospital de los Caballeros, denominación que empieza en esta época a mezclarse con la de *Mesón de los Caballeros* y con una anterior que era *Posada de la Encomienda*.

Además, los caballeros templarios que acompañaban a Fernando III se apresuraron a dejar huella simbólica de su presencia en la ciudad, lo que se pone de manifiesto, por ejemplo, en el protagonismo del número 8 en la cristianización de la mezquita sobre la que se levanta la actual Catedral hispalense. Como se constata en *El NO8DO de Sevilla: origen y significado*, el 8 es un dígito de gran relevancia para el Temple y en él basó el diseño de sus templos, los célebres recintos octogonales que la Orden desparramó por la geografía europea. Pues bien, su influjo en la hoy Catedral se evidencia en la advocación bajo la que el rey Fernando colocó el templo: Santa María de la Sede, una de las tres vírgenes, junto a la de Los Reyes y la de Las Batallas, que el monarca gustaba en llevar consigo y cuyo nombre, aplicándole el código alfanumérico templario, siempre suma 8, tanto en adiciones parciales como en la global. Conexión que posteriormente, ya el siglo XV, algunos de los encargados de erigir y ornamentar el edificio catedralicio se afanaron en mantener, verbigracia con la disposición de las capillas en grupos de 8 y entre hileras, conformando el número 888. El propio diseño del emblema por excelencia de Sevilla, el NO8DO, surgido en la segunda mitad del siglo XIII, puede estar relacionado, como se examina con detalle en el libro antes citado, con esta preferencia templaria por el 8.

Tras la muerte de Fernando III en 1252, la lealtad de la Orden no solo se mantuvo, sino que fue a más con su sucesor en el trono, Alfonso X, quien le correspondió con generosidad: por un lado, con recompensas materiales, como donadíos en la alquería de Refañana, rebautizada como el Temple, y en Gocín, en el término de Aznalcázar; por otro y más trascendente, con capacidad de influencia, tanto en asuntos de Estado como en cuestiones culturales y espirituales. La importancia pública que Alfonso X concedió a los templarios tuvo su principal refrendo en la aparición del maestre del Temple en Castilla y León en todos los "privilegios rodados" promulgados por el soberano a partir de octubre de 1255. En este marco, los templarios se constituyeron en Sevilla como Priorato, con la función de alojar las tropas de la frontera, ofrecer residencia a los caballeros transeúntes y, muy especialmente, mantener a la Orden en conexión con la Corte y el rey, que se había establecido en la ciudad hispalense. Ello hizo que la élite del Temple en Castilla y León se asentara en Sevilla.

Hay datos que invitan a pensar que, tras su disolución oficial en 1312, el Temple, de manera discreta, mantuvo su vitalidad en la ciudad mediante la creación en los siglos XIV y XV de cofradías y fraternidades diversas, que bien pueden estar en el origen de varias hermandades que hoy subsisten y procesionan en Semana Santa, dada la similitud de su simbología con la que caracterizó al Temple. Es curioso encontrar su divisa *Non nobis, domine* en la Iglesia de la Caridad, sede de una hermandad de caballeros cristianos, fundada en el siglo XVII por un misterioso personaje: Miguel de Mañara, equívoca fuente de inspiración literaria del mítico Don Juan Tenorio. Y todavía en el presente, distintos colectivos sitos en la urbe se declaran herederos de la Orden templaria.

Repartimiento del Reino de Sevilla y nuevas posesiones del Temple

Cabría imaginar que, como compensación al apoyo prestado en la conquista, la Orden solicitaría posesiones al norte del Reino de Sevilla, en la serranía onubense, con el fin de expandir el área de dominio del poderoso Bayliato de Jerez. Sin embargo, los templarios optaron por tierras ubicadas al otro extremo de la hoy provincia de Huelva, exactamente en su zona sur. ¿Por qué esta elección? Pues porque el Temple buscaba una salida al Océano Atlántico en el sur de la península y frente a las cercanas costas africanas. Y otorgó a este objetivo mayor prioridad que aumentar los límites de un bayliato ya suficientemente extenso y consolidado.

Fue por esto que el Temple se decantó por una serie de propiedades al sur y oeste del Reino de Sevilla:

+Primeramente, las poblaciones colindantes con el reino de Niebla que ya había hecho suyas en el proceso de conquista previo al asalto sobre Sevilla. En este marco hay que citar Villalba del Alcor (debe su topónimo a que fue tomada por caballeros templarios procedentes de la encomienda del mismo nombre sita entre Valladolid y Palencia), La Rábida, Saltés (isla fluvial ubicada en las Marismas del Odiel, junto a La Rábida) y Lepe (ciudad y costas).

+En segundo lugar, el compás y priorato ya reseñados intramuros de la urbe hispalense, con las funciones que han sido descritas (siguiendo a Juan Antonio Romero y su libro *Los templarios en el Reino de Sevilla*, se cree que el inmueble que actualmente es número 60 de la calle Zaragoza puede tener su base constructiva en lo que fue el edificio principal de la Orden).

+Y, por fin, dos amplios territorios con riqueza agrícola que los templarios negociaron antes de la campaña y lograron con el reparto tras la toma de Sevilla: una alquería de cereales en Gozín, en el término de Fazialcazar, población ya desaparecida situada entre las localidades hispalenses de Utrera y Los Molares (en plena frontera con la zona controlada aún por árabes, que se hicieron fuertes en Ronda y su comarca); y la Hacienda de Refañana (Restinnana), rebautizada como el Temple por Alfonso X, con cereal y olivares, en los Campos de Tejada, específicamente en Tejada la Nueva (la Taliata romana; la Lobera árabe), también desaparecida, próxima a Escacena (Huelva).

De este modo, con la omnipresencia al norte del Bayliato de Jerez y la referencia político-estratégica del Priorato de Sevilla, la Orden del Temple, tras la conquista de la capital hispalense, fijó su dominio territorial en un triple eje:

+Sevilla-Fazialcazar: Por la extensión de la alquería de Gozín, hay que entenderla ligada directamente al priorato hispalense: una especie de extensión logística del mismo, fuente de rentas y alimentos y muestra del compromiso de la Orden en la tarea de asegurar las fronteras frente a los musulmanes.

+La Rábida-Saltés-Lepe: La anhelada conexión al Océano Atlántico, con las costas de Lepe como salida natural y con dos enclaves tan singulares como Saltés y, sobre todo, La Rábida (se volverá a ellos de inmediato).

+Campos de Tejada-Villalba del Alcor: La Hacienda de Refañana se configuró como punto de abastecimiento de la posesión de Villalba. Y, con esta base, el dominio templario se expandió a las áreas limítrofes de los genéricamente denominados Campos de Tejada: los territorios actuales de Castilleja del Campo, Escacena y Paterna (en este último término municipal, el Castillo del Alpizar -de factura almohade, pero presumiblemente construido sobre una villa romana- se transformó en uno de los bastiones templarios). Obviamente, la presencia de la Orden en esta comarca no solo tenía interés intrínseco, sino que desempeñaba igualmente un significativo papel como enclave intermedio y enlace entre Sevilla y sus posesiones costeras.

Las exactas equidistancias entre las posesiones templarias en el eje Badajoz - Huelva - Sevilla

Así quedó dibujado, a mitad del siglo XIII, el mapa de las propiedades templarias en el ámbito que interesa a estas páginas, con tres puntos de referencia geográfica en sus extremos:

- Jerez de los Caballeros, como núcleo principal del bayliato pacense.
- Sevilla, cual capital del Reino o alfoz de su mismo nombre.
- Y las costas atlánticas de Lepe, a unos 20 kilómetros al oeste de la Isla de Saltes.

Y situando estas localizaciones sobre el mapa, llama poderosamente la atención un hecho que, por otra parte, no puede extrañar demasiado conociendo la contrastada afición templaria a aplicar la aritmética y la geometría para establecer y fijar sus enclaves. ¿De qué se trata? Pues que los tres puntos reseñados configuran un perfecto triángulo equilátero, es decir, con sus tres lados iguales: 124 kilómetros cada uno. Así: el Castillo de Jerez de los Caballeros configura la punta superior, al norte, del triángulo. Desde él salen, hacia abajo, dos lados del triángulo: uno va, en dirección suroeste, del citado castillo al centro histórico de Lepe y mide, como se ha apuntado, 124 kilómetros. El otro, en dirección sureste, del castillo al número 60 de la calle Zaragoza de Sevilla, cuenta con la misma longitud de 124 kilómetros. Por último, el tercer lado, que hace de base del triángulo equilátero, se puede trazar como arco de un compás que, pinchando en Jerez (Castillo), une Sevilla (C/ Zaragoza, 60) y Lepe (centro histórico).

Para mayor sorpresa, tal arco no solo mide aproximadamente los mismos 124 kilómetros, sino que, además, pasa exactamente por encima de la Isla de Saltés y La Rábida.

¿Causalidades? Todo puede ser, pero se antojan excesivas tamañas coincidencias. Para colmo y sin dejarse llevar por interpretaciones sin fundamento, la Isla de Saltés y La Rábida no parecen sitios cualesquiera, elegidos simplemente al azar, sino que están cargados de historia y significados tanto considerados individualmente como, al ser lugares vecinos, de manera sinérgica.

La isla de Saltés

En lo relativo a la Isla Saltés -mide más de 10 kilómetros de largo y su eje de mayos anchura supera los 2.000 metros- el cartógrafo y geógrafo musulmán Al-Idrisi la describía así hacia mitad del siglo XII: "El mar rodea la isla de Salthish por todas las partes; en una de ellas, solo está separada del continente por un brazo de mar [de escasa] anchura (...); por allí pasan sus habitantes para buscar el agua necesaria (...) Hay pozos de agua dulce, de donde se puede sacar agua sin descender mucho, y también hermosos jardines. Esta isla posee las especies más bellas de pinos, grandes pastos siempre verdes y fuentes de agua dulce; los lacticinios y las leguminosas son excelentes".

Y antes de Al-Idrisi, distintos autores la identificaron como la capital de Tartesios: por ejemplo, en el siglo IV, el poeta romano Rufo Festo Avieno, en su *Ora Marítima*, se refiere a ella como la "isla entre dos ríos" (de la época romana se han localizado restos de instalaciones dedicadas a la pesca y el salazón). Anteriormente, el griego Estrabón escribió acerca de los viajes de los marineros fenicios a la zona, allá por el siglo VIII a.C., donde toparon con un oráculo que les instó a edificar un templo en honor a Hércules.

La ciudad que en la isla se encontró el Temple fue erigida por los árabes hacia los siglos X y XI, sobre todo cuando fue sede del Reino de Taifas de los Baikríes, primero, y del Reino de Taifas del señor de Umba y Xaltis (Huelva y Saltés), después, bajo el reinado de Abd al-Aziz al-Bakrí. Por los estudios realizados, se estima que la ciudad tenía una planta inusualmente regular para el modelo islámico, con una fortaleza central de 70x40 metros de perímetro. La población se dedicaba a la pesca, el comercio y la metalurgia. Para esto, aprovechaban la proximidad de las minas del norte, cuyos minerales llegaban a Saltés y Onuba a través del hoy denominado Río Tinto.

Precisamente por esta cercanía a importantes yacimientos mineros y por ser un enclave privilegiado como salida al Océano Atlántico, se volverá a la Isla de Saltés en el siguiente capítulo del libro en el marco del auténtico origen del oro templario.

La Rábida

En cuanto a La Rábida, el actual monasterio franciscano procede de una reconstrucción, realizada a finales del siglo XIV y comienzos del XV, de otro previamente existente. Se levanta sobre un alcor, que domina la confluencia de los ríos Odiel y Tinto, conocido desde antiguo como *Peña de Saturno*. Sobre ella, las distintas culturas que por allí han pasado se inclinaron por levantar recintos religiosos de mayor o menor entidad.

Entre la historia y la leyenda, se señala que los romanos veneraron en el lugar a la diosa Proserpina (la griega Perséfone, Reina del Inframundo, cuya epopeya se liga mitológicamente con la primavera); y, antes, los fenicios a su dios Baal (asociado probablemente con el astro rey y adorado también por cartagineses, caldeos, babilonios y un amplio etcétera de pueblos).

Los árabes, por su parte, edificaron un pequeño monasterio con monjes-caballeros similares a los de las encomiendas templarias, que se perfeccionaban espiritualmente al tiempo que defendían el sitio. Este tipo de monasterio islámico solía estar en la costa fronteriza y tomaba el apelativo de *ribat* ("rábida" o "rápita"), de donde procede el nombre vigente, practicándose en él la rama fatimita de la mística musulmana, una herejía proveniente del Norte de África.

En Al-Andalus, los árabes erigieron diferentes *ribats*. Y es sabido que, tras la conquista cristiana de la zona donde se ubicaran, la Orden del Temple ponía especial empeño en ocuparlos, prefiriéndolos a cualquier otra posesión. Esta regla se cumplió a rajatabla en el caso de La Rábida onubense, donde los templarios arribaron a mitad del siglo XIII y remodelaron la edificación musulmana. Gracias a ello, como narra fray Francisco de Gonzaga, historiador de la orden franciscana, en su obra de 1587 titulada *De origine Seraphicae Religionis Fráciscanae eiusque progessibus, de Regularis Observáciae institutione*, aconteció en 1261 la fundación del monasterio que es pilar del que ha llegado a la actualidad -aunque la carta fundacional, la *Etsi cunctorum*, promulgada por el papa Benedicto XIII el 6 de diciembre de 1412, como tal, es una bula.

Por cierto, que en La Rábida se hospedó Colón para preparar su proyecto transoceánico a finales de 1484 o comienzos de 1485, esto es, unos 170 años después de que el Temple abandonara forzosamente el recinto por su disolución oficial. En términos históricos no es un lapso demasiado prolongado, lo que ha hecho que numerosos investigadores se interroguen sobre los documentos y la información que, como herencia templaria, los monjes todavía atesoraban en tiempos de Colón entre las paredes del convento. A través fundamentalmente de fray Antonio de Marchena, los monjes pudieron poner a disposición de almirante estos documentos como confirmación de sus indagaciones o aliento de las mismas, además de recomendarlo ante Hernando de Talavera, confesor de la reina Isabel I. En el tramo final de este texto se retomará este importante asunto.

La prioridad por la salida al Atlántico en detrimento de la presencia en la serranía onubense

Por todo lo expuesto, tras la toma de la capital hispalense, la predilección templaria por el eje Sevilla-Campos de Tejada-Villalba del Alcor-La Rábida-Saltés-Lepe, por encima de la alternativa de engrandecer el Bayliato de Jerez, tuvo como finalidad obtener una salida al Océano Atlántico al suroeste de la península ibérica y frente al cercano litoral africano. Pero, junto a ello, el Temple se las ingenió para ocupar el *ribat* existente en la zona y la singular isla fluvial vecina al mismo.

Ambos lugares, cargados de historia, configuran un enclave cuya alta singularidad seguro que no pasó desapercibida para la Orden, no siendo de extrañar que La Rábida, con la isla asociada, se conformara desde el punto de vista espiritual en su lugar predilecto al sur de Jerez de los Caballeros, vértice superior del triángulo comentado.

Desde luego, el Priorato de Sevilla, vértice del este, ostentaba una indudable importancia institucional; y Lepe, vértice del oeste, la notabilidad derivada de su identidad costera. Pero la Orden del Temple no solo contaba con una dimensión política y operativa, sino también con otra trascendente y mística que encajaba como anillo al dedo en La Rábida y su isla anexa.

Por otra parte, también por lo ya visto, se entienden las razones por las que los templarios no se asentaron en la Sierra de Aracena y los Picos de Aroche, ni en sus castillos. ¿Por qué entonces la conocida tradición que habla de la presencia templaria en Aracena, su castillo y las tierras colindantes? Pues hay que coincidir con Javier Pérez-Embid, autor de *Aracena y su sierra: la formación histórica de una comunidad andaluza (siglos XIII-XVII)*, cuando lo califica de mera leyenda.

Esta leyenda no estaba aún configurada en el siglo XVII, pues no aparece en la obra de Rodrigo Caro, de 1621, en la que aborda la "chorografía" del convento jurídico del territorio; ni en el manuscrito del notario aracenés Fernando Sánchez Ortega (1536-1612). Sería con la supresión del Priorato de Aracena en 1776 cuando la clerecía local, contrariada por ello, rebuscó en la historia motivos en los que justificar tan añeja institución; y vio en el Temple, convertido con la Ilustración en profusa fuente esotérica, un clavo al que asirse. No en balde, provenían del siglo XVI las aspiraciones de Aracena de convertirse en capital comarcal, lo que chocaba con la centralidad administrativa y judicial de Fregenal, que sí había sido sede templaria. Y, para colmo, Benito Arias Montano (1527-1598), cuya herencia cultural reclamaba el clero aracenés, fue frexnense de nacimiento. Con estos fundamentos, toma cuerpo una reescritura de la historia local que comienza a reflejarse a finales del XVIII en obras como la de Francisco Pérez Bayer, en la que relata el viaje que, en 1782, realizó por Andalucía y Portugal.

Por tanto, nada tuvo que ver la Orden templaria en la toma cristiana de la Sierra de Huelva. Esta conquista, que se prolongó varios lustros, estuvo marcada, como se concluyó páginas atrás, por la apropiación múltiple del territorio: árabes, lusos y castellano-leoneses; el papel especialmente relevante de las órdenes militares de San Juan del Hospital y de Santiago, dada la prioridad de las monarquías cristianas por el dominio de los valles de los ríos Guadiana y Guadalquivir; y el choque de intereses entre los propios conquistadores, tanto entre ambas casas reales como entre estas y las citadas órdenes militares, particularmente la hospitalaria. Y nada influyó el Temple en la construcción o remodelación de los amurallamientos que hoy lucen en la Sierra de Aracena y Picos de Aroche. Como se reseñó en epígrafes anteriores, fueron levantados por los árabes -en muchos casos, aprovechando restos de antiguas construcciones-, fundamentalmente entre los siglos XI y XII. Tras ser arrebatados a los musulmanes, estos castillos fueron remodelados y, a veces, ampliados y reforzados por los cristianos, bien por la Orden de San Juan o de Santiago, bien directamente por los soberanos lusos y castellano-leoneses.

Como ya se subrayó, solo hay dos excepciones a esta regla general: los castillos de Cumbres Mayores y Cortegana. Acerca del primero, se sabe que fue edificado por impulso de Sancho IV en 1293. Y sobre el Castillo de Cortegana, se sabe que fue levantado tras la toma cristiana de la villa y en algún momento entre 1230 y 1293. Pero, ¿cuál es su origen exacto?

Sobre el origen templario del Castillo de Cortegana

Dada la conflictividad, la inseguridad y hasta el bandolerismo que, como se ha expuesto, caracterizó la vida de la serranía onubense en aquellas décadas, constituye una hipótesis verosímil suponer que el Castillo de Cortegana fue construido cuando la villa, existente desde muchas centurias atrás, pertenecía ya al dominio castellano-leonés con el doble objetivo de asegurar las fronteras frente a Portugal y prevenir la zona de pillajes y robos.

Estas finalidades explicarían las características arquitectónicas del recinto que, sin menoscabo de la cerca exterior, no constituye un gran amurallamiento, sino una Casa-Fuerte muy bien diseñada y medida para cumplir una funcionalidad logística; un fortín idóneo para acoger una pequeña guarnición militar profesional válida tanto para su defensa, si llegara a ser preciso, como para ofrecer cotidianamente protección y escolta a su entorno territorial.

Es más, rememorando lo enunciado en el apartado dedicado a la conquista cristiana de la Sierra de Huelva, el momento más probable de su construcción puede datarse en los años inmediatamente siguientes a 1260. No en balde, fue en 1262 cuando, tras la toma de Niebla, Alfonso X puso su empeño en controlar el territorio del conjunto del alfoz de Sevilla y, particularmente, evitar la existencia de un corredor serrano hacia Sevilla en manos no ya portuguesas, sino de una orden militar. Este control quedó definitivamente rubricado en 1267, con los acuerdos de Badajoz firmados entre el "rey sabio" y el monarca luso Alfonso III.

En este marco político y temporal, solo queda por dilucidar quién en concreto se encargó de la edificación del castillo corteganés, con dos alternativas posibles: fue una decisión directa de la Corona castellano-leonesa y ella misma o una institución dependiente, como el Concejo de Sevilla, se ocupó de su ejecución; o se encargó de esta alguna persona física o jurídica con suficiente poder y capacidad económica para acometerla, contando, desde luego, con la aquiescencia de Alfonso X, que la valoraría como favorable a su política de control del territorio y en aras a paliar la inseguridad que este padecía.

La primera de las dos alternativas no resulta verosímil teniendo en cuenta la ausencia de documentación que lo acredite. De la misma forma que ha llegado a nuestros días, por ejemplo, la relativa al impulso por Sancho IV de la construcción del

Castillo de Cumbres Mayores, debería existir alguna constancia de la iniciativa del "rey sabio" con relación al de Cortegana.

En cuanto a la segunda, es coherente con la leyenda oral recogida por Juan de Ledesma, en 1633 y Rodrigo Caro, en 1634, que achaca la fundación del castillo a un caballero que deseaba congraciarse con el rey. Ahora bien, los usos jurídico-políticos de la época y la conflictividad de la comarca hacen difícil creer que a una persona, por muy noble que fuese, se le permitiese acometer un proyecto de esta naturaleza. Por lo que tal cosa solo sería posible si el caballero en cuestión perteneciera o, al menos, contara con el apoyo de alguna organización o entidad dotada con suficientes prerrogativas al respecto.

¿Qué tipo de entidad gozaba por entonces de tales potestades? Con el consentimiento de la Corona, las órdenes militares. Lamentablemente, esta conclusión, lejos de proporcionar una salida al laberinto deductivo, introduce más en él, ya que las dos órdenes con presencia histórica en la Sierra de Huelva, la de San Juan del Hospital y la de Santiago, nunca hubieran contado con el permiso real para edificar una fortaleza fuera de sus jurisdicciones -los hospitalarios habían sido expulsados de la zona y los santiaguistas nunca habían pasado del lado oriental de la serranía- y en tierras en las que la monarquía, como se ha visto, deseaba precisamente preservar de la influencia de ambas.

Llegados a este punto, quizá pueda aportar luz al asunto el nombre y circunstancias personales del caballero mencionado por Juan de Ledesma y Rodrigo Caro. Ambos citan a un tal Pedro Domingo, que había participado en la conquista de Sevilla. Rodrigo Caro comenta que aparece en el repartimiento de la ciudad efectuado en 1252 y que era originario de Ciudad Rodrigo (Salamanca). Juan Ledesma así lo indica también.

Escarbando en la historia, ¿puede hallarse alguna referencia a Pedro Domingo o a su estirpe asociada a Ciudad Rodrigo durante el siglo XIII? La labor de indagación es ardua, pero puede ser saldada con éxito. Y es que, como recoge Juan José Sánchez-Oro en *Ciudad Rodrigo y los templarios*, existe un documento histórico, fechado en 1218 y redactado en la villa salmantina, en el que se recoge un importante acuerdo y que está suscrito precisamente por alguien llamado Dominici Petri.

Dado que en la Ciudad Rodrigo de la época ni la demografía era cuantiosa ni las estirpes de abolengo numerosas, cabe racionalmente deducir que el caballero que recaló en Cortegana era, si no el mismo firmante del documento reseñado (pues distan no menos de cuarenta años entre la fecha de rubrica y la del arribo a Cortegana) sí alguien de su linaje.

¿Bajo qué autoridad podría estar este caballero para que se le permitiese levantar el castillo corteganés? El reiterado documento de 1218 nos aporta una clave muy notable, pues Dominici Petri no lo firma en representación personal, sino en calidad de *comendatore fratre Templi*, esto es, comendador de la Orden del Temple.

De hecho, los templarios contaron en esta parte de la hoy provincia de Salamanca con una encomienda que ya estaba plenamente establecida a comienzos del siglo XIII y prolongó su existencia hasta la forzada disolución de la Orden. Y su núcleo principal se encontraba en Ciudad Rodrigo, donde en su recuerdo aún perdura la calle del Templo.

De esta encomienda fue Dominici Petri máxima jerarquía en la primera parte del siglo XIII. Y sería él mismo o persona de su estirpe directa quien se incorporará a las huestes templarias que apoyaron a Fernando III en la toma de Sevilla y, posteriormente, a Alfonso X en la consolidación del alfoz hispalense. Y Pedro Domingo llegó a Cortegana, poco después de 1260, para erigir un castillo bajo el mandato de la Orden del Temple y con permiso de Alfonso X y el Concejo de Sevilla.

¿Por qué se enfrascó el Temple en la construcción de este fortín? Pues recuérdese lo expuesto acerca del pillaje que afectaba al Bayliato de Jerez, procedente, en buena parte, de la Sierra de Aracena y Picos de Aroche, en general, y de zonas como Cortegana, carentes de la protección de fortificaciones, en particular.

Por tanto, fue para erradicar este foco de bandolerismo o, al menos, para dificultar los movimientos e incursiones de las partidas de bandidos en el bayliato, por lo que la Orden levantó el Castillo de Cortegana. De ahí también sus ya aludidas características arquitectónicas. No se trataba de hacer una gran fortaleza, sino una Casa-Fuerte funcional para dar cobijo a una corta guarnición profesional con el objetivo fundamental de proporcionar seguridad a su entorno territorial.

Y, ¿por qué autorizó Alfonso X la construcción? El Temple, por las razones que se acaban de sintetizar, se ofreció a edificar el fortín y dotarlo de milicia de manera gratuita. Ante ello, el monarca y el Concejo hispalense ponderarían positivamente la iniciativa por tres razones básicas:

- Contribuía tanto al dominio del territorio como a ofrecer estabilidad a una zona donde, al carecer de fortificación y su consiguiente destacamento militar, el bandolerismo campaba a sus anchas.

- Pese a la cercanía geográfica del Bayliato de Jerez, los templarios se habían mantenido absolutamente al margen de los conflictos entre los conquistadores vividos durante los anteriores lustros en la Sierra, donde la Orden ni había tenido ni tenía jurisdicción alguna.
- Y a la Corona le constaba que tampoco quería tenerla ahora. Por el reparto de donaciones tras la toma de Sevilla, era sobradamente conocida la prioridad templaria por la expansión en el sur de Huelva, antes que extender el bayliato por la serranía onubense. Así, el Temple no solicitó a cambio del levantamiento de la fortaleza corteganesa contrapartida o reconocimiento alguno; la acometió sin derecho alguno, es decir, sin recibir a cambio posesiones o donaciones.

Esta ausencia de título jurídico o equivalente es el motivo por el que la historia no puede recordar documentalmente la mano templaria en la construcción del Castillo de Cortegana. A este olvido contribuyó, igualmente, el que, tras poco más de cuatro décadas, la Orden quedara forzosamente disuelta.

El Castillo de Cortegana y el Monasterio de La Rábida

Puede afirmarse, por tanto, que el Temple se comportó de manera generosa: sin otra prebenda que la autorización en sí para edificar el fortín, asumió el coste de su construcción, lo dotó de milicia, se responsabilizó del mantenimiento de esta y ofreció seguridad a una zona ajena a sus dominios.

Ciertamente, conseguía con ello una atalaya desde la que hostigar, allí precisamente donde disfrutaban de refugio, a las partidas de bandoleros que castigaban su bayliato. Pero, a pesar de esto, puede estimarse el gesto como de excesiva generosidad. Y, conociendo los usos propios de la Orden, extraña que no se las arreglara para lograr alguna contrapartida de Alfonso X, con quien, por otra parte, mantenía una excelente relación.

Esto obliga a preguntarse si con la edificación del Castillo de Cortegana el Temple no perseguiría algún otro objetivo geoestratégico. Y, efectivamente, el análisis del mapa templario en la zona dibujado en apartados precedentes permite comprobar como con la Casa-Fuerte corteganesa la Orden lograba un magnífico enclave de enlace entre la capital del bayliato, Jerez de los Caballeros, y sus posesiones al sur de Huelva, en general, y en La Rábida-Saltes, en particular. Véase hasta qué punto.

¿Qué distancia existe entre el Castillo de Jerez y el Monasterio de La Rábida? Pues, cómo no, los mismos 124 kilómetros que, como se constató en apartados previos, separan la fortaleza tanto de Lepe (centro histórico) como de Sevilla (C/ Zaragoza, 60); e idéntica longitud que tiene el arco del compás, que pinchando en el castillo jerezano, une el centro histórico de Lepe con el número 60 de la calle Zaragoza en Sevilla, pasando por encima precisamente de la Isla de Saltes y La Rábida.

En estos 124 kilómetros que separan el Castillo de Jerez del Monasterio de La Rábida, la principal dificultad orográfica la conforma la Sierra de Aracena y Picos de Aroche. Y, una vez salvada esta cadena montañosa, el camino se reduce a menos de 80 kilómetros de suave perfil que atraviesan el Andévalo y, dejando al este los dominios templarios en Villalba del Alcor, desembocan en tierras llanas próximas ya a la costa. Es por esto que al Temple le interesaba un enclave al sur de la Sierra de Huelva que, mirando al Andévalo, facilitara la conexión Jerez-La Rábida y entre el sur de la provincia pacense bajo su control y sus posesiones al sur de la onubense.

¿Dónde situar exactamente tal enclave? Como se ha destacado en páginas anteriores, los templarios eran aficionados a utilizar la aritmética y la geometría para localizar sus emplazamientos. Y tratándose de facilitar una ruta, lo más sencillo es procurar dibujar una línea recta entre los dos lugares a unir y elegir sobre ella el sitio exacto.

Aplicándolo al caso que aquí ocupa, hay que trazar una línea recta entre el Castillo de Jerez y el Monasterio de La Rábida y, sobre ella, fijar un punto ubicado al sur de la Sierra de Aracena y los Picos de Aroche. Puestos manos a la obra, se constata que la línea recta en cuestión marca exactamente hacia el sur, con una mínima desviación. Y pasa por encima de Cortegana, localizada, a la par, al sur de la serranía onubense.

De ese modo, partiendo desde el Castillo de Jerez en línea recta hacia el sur y en dirección al Monasterio de La Rábida, el Castillo de Cortegana proporcionaba al Temple un recinto bien acondicionado y seguro al que se accedía tras recorrer 45 kilómetros por la serranía onubense. A partir de él, se podía retomar un camino de orografía amable que, desviándose 35 kilómetros al este, conduce a Villalba del Alcor y los Campos de Tejada y, continuando en línea recta, desemboca en La Rábida-Saltes, con Lepe a 25 kilómetros al oeste.

Resulta evidente, pues, la idoneidad de Cortegana para fijar un enclave de tránsito entre las posesiones templarias al sur de Badajoz y al sur de

Huelva, en general, y entre Jerez y La Rábida, en particular. Por lo que con la construcción del castillo corteganés, el Temple no solo ganaba un fortín desde el que pugnar contra las partidas de bandidos, sino algo aún más importante: perfeccionar su modelo geoestratégico de afianzamiento en el territorio, pasando a contar con un emplazamiento muy notable para su mapa de conexiones y accesibilidad entre encomiendas y dominios, reproduciendo su afición por la geometría -en este caso, la línea recta que pasa por encima de Cortegana- y las coincidencias numéricas -de nuevo los 124 kilómetros, ahora entre el Castillo de Jerez y el Monasterio de La Rábida-, y ofreciendo apoyo a una ruta tan crucial como la que desde la capital del Bayliato conducía directamente al Océano Atlántico y al potente enclave La Rábida-Saltes.

Un templario, primer arzobispo de Sevilla

Llegados aquí y entrando en la recta final del presente capítulo, resulta oportuno aludir a un hecho histórico poco conocido: el primer arzobispo de Sevilla fue un caballero templario, el infante Felipe, hijo del rey Fernando III el Santo; y renunció al cargo y a su condición eclesiástica para contraer matrimonio con una princesa noruega, Cristina.

Y es que Fernando III y Beatriz de Suabia tuvieron diez hijos, tres hembras y siete varones. El primogénito, Alfonso, estaba llamado a la sucesión en el trono, cosa que efectivamente hizo tras la muerte de su padre, en 1252, como Alfonso X (apodado por la historia como *el Sabio*). Pero, para el resto de la progenie había que buscar otros horizontes. Estos oscilaban entre un buen matrimonio para las mujeres y la carrera militar o religiosa para los hombres; aunque siempre con el telón de fondo de la influencia social y política, que correspondía como descendientes del monarca. Así, para uno de sus vástagos, Felipe de Castilla, nacido en 1227, el "rey Santo" previó altas responsabilidades eclesiásticas y lo nominó, cuando contaba solo 16 años de edad, abad de Castrogeriz, dejando claro el camino que el infante debía seguir en adelante y que, con el paso del tiempo, lo encumbraría al arzobispado de Sevilla.

En 1243, al poco de su designación como abad, los tutores de Felipe aconsejaron a su padre que el infante perfeccionará sus estudios en la ya muy prestigiosa Universidad de París. Y, desde luego, acertaron en la elección en cuanto a la calidad de la enseñanza, si bien no valoraron adecuadamente el contenido y características de esta, pues el contexto intelectual y el clima docente parisino se ajustaban poco al perfil e intereses de la sobria corte castellano-leonesa. Lo primero a destacar, es que la obra de Averroes (Ibn Rushd) hacía furor en la Universidad de París (tanto predicamento tuvo que, en 1277, el obispado parisino se vio forzado a condenar 219 tesis averroístas). Al mismo tiempo, la universidad era considerada como principal cantera donde obtener nuevos y acreditados miembros por parte de las más significativas órdenes religiosas y religioso-militares. Y, por último, allí impartían docencia personajes tan singulares como el dominico Alberto el Grande (san Alberto Magno). Este fue, precisamente, maestro de Felipe, quien además hizo amistad con su compañero de estudios Tommaso d´Aquino (santo Tomas de Aquino). Y si Aquino, influenciado por Alberto, entró en la Orden de los Dominicos en 1244, Felipe lo hizo en la Orden del Temple en 1245, al cumplir 18 años.

Bajo los auspicios del Temple, Felipe completó su formación con saberes que no se aprenden en aulas universitarias. En especial, le subyugó la tradición de las "Vírgenes Negras", apreciando particularmente la elevada simbología de la Virgen de Roca-Amador. Felipe trajo estos conocimientos y predilecciones en su equipaje al retornar a tierras castellanas, en las que impulsó la devoción por la citada imagen. Probablemente, esta preferencia del infante por la Virgen de Roca-Amador explique la presencia del magnífico fresco a ella dedicado que, tapado por un manto de cal, se hallaron durante las obras de restauración del segundo Alcázar de Sevilla, el de Don Fadrique, en el actual Convento de Santa Clara.

Felipe fue canónigo de las catedrales de Burgos y Toledo y abad de la Colegiata de Valladolid y viajó a tierras hispalenses para incorporarse al largo asedio de la Sevilla musulmana, que tan acertadamente ha descrito Genaro Aranda en su novela *Sevilla para Castilla* (Ituci Siglo XXI; Sevilla, 2008). Tan orgulloso estaba Fernando III de la talla intelectual alcanzada por su hijo, que lo designó obispo de la ciudad antes de su conquista en noviembre de 1248. Y, tras esta, lo presentó de manera inmediata como arzobispo de Sevilla, aunque pendiente de la edad canónica para el cargo -*Procurator Eclesia Hispalensis*-, pues con solo 21 años carecía del mínimo pertinente para tan alta dignidad. En tanto, fue nombrado administrador de la diócesis el obispo de Segovia, Raimundo de Losana, Don Remondo. Y hubo que esperar hasta 1252 para que llegara desde Roma la confirmación de la investidura por el papa Inocencio IV. Con su hermano Alfonso X ya como rey, Felipe recibió el anillo y la mitra arzobispal el 24 de agosto de 1254. La Orden del Temple tenía motivos para sentirse orgullosa: un caballero templario ocupaba el arzobispado de Sevilla y era la primera persona en hacerlo, después de más de medio milenio de adscripción islámica de la urbe.

Pero la historia no termina aquí, pues la educación recibida por el ahora arzobispo, lo había hecho una persona poco dada a convencionalismos. Así, en 1257, Felipe asistió a unos festejos organizados por Alfonso X en el Alcázar de Sevilla y quedó prendado de una de las invitadas: Cristina Hâkonsdatter, hija del rey Haakon IV de Noruega, nacida en Bergen en 1234. Había viajado a España para contraer matrimonio con un miembro de la casa real castellana, que quería sumar Noruega al listado de apoyos que Alfonso X necesitaba para ser nombrado emperador del Sacro Imperio Romano Germánico. Pero los planes tuvieron que cambiar al protagonista masculino, pues entre Felipe y Cristina (propiamente Kristina o Kristin) el flechazo fue mutuo. De inmediato, el arzobispo de Sevilla pidió a la Orden del Temple autorización para casarse con la princesa nórdica y solicitó de su hermano y soberano, que le permitiera cesar en su rango y votos eclesiásticos para contraer matrimonio.

A pesar de las tensiones y habladurías, el rey Sabio, figura igualmente nada estereotipada, dio luz verde al enlace conyugal. Y lo mismo hizo el Prior del Temple asentado en Sevilla, otorgando a Felipe la condición de "caballero terciario"; esto es, casados que se mantenían asociados a la Orden y que al morir dejaban a esta sus propiedades. De este modo, Felipe y Cristina contrajeron matrimonio el 31 de marzo de 1258. Tres años y medio después de recibir el anillo arzobispal, Felipe lo cambiaba por el nupcial. La ceremonia se celebró en la Colegiata de Valladolid, aunque la pareja fijó su domicilio en la capital hispalense. En mayo de 1259, Don Remondo ocupo el sillón arzobispal dejado vacante por Felipe.

Cristina Hâkonsdatter falleció en Sevilla en 1262, solo cuatro años después de la boda, sin dejar descendencia. Felipe, por su parte, murió en 1274 y fue enterrado en un sepulcro adornado con la simbología templaria en la iglesia de Santa María de Villalcázar de Sirga (Palencia), perteneciente a una encomienda templaria que había dedicado la capilla a Santa María la Blanca.

Tras la defunción de Cristina, Felipe volvió a contraer matrimonio y por dos ocasiones: primero, con Inés Rodríguez Girón, que falleció poco después de las nupcias; y posteriormente con Leonor Rodríguez de Castro, con la que tuvo un hijo, Felipe de Castilla y Rodríguez de Castro, que murió siendo niño. No obstante, Felipe nunca olvidó a Cristina, la "mujer de su vida" probablemente, y la hizo enterrar en un bello sepulcro gótico de la Colegiata de San Cosme y San Damián de Covarrubias (Burgos), de la que también había sido abad antes de acceder al arzobispado.

Cerca de la tumba, cuelga hoy una campana que, según la tradición, garantiza matrimonio a las chicas que la hagan sonar; y en el exterior se alza desde 1978 una evocadora estatua del artista noruego Brit Sorensen. Por cierto, que en 1958 fue abierto el sepulcro y apareció la momia de la princesa con el pelo amarillo, las uñas rosadas y los dientes aún blancos, amén de un pergamino con una receta para el dolor de oído (la Fundación Princesa Kristina de Noruega honra desde 1992 su memoria e intenta cumplir el deseo de la princesa de que se construyera en su tierra de acogida una capilla a San Olaf).

Cuna de vikinga, tumba de infanta

La novela titulada *La cúpula del mundo*, de Jesús Maeso de la Torre, se detiene en la vida de Cristina de Noruega, quien pasó de los hielos y las brumas de Noruega al sol y los campos de Castilla y Andalucía, de Tonsberg a Las Huelgas, y de una cuna sobre los fiordos a una tumba en Covarrubias. Y es que las peripecias de la hermosa princesa hiperbórea descendiente de vikingos no tienen nada que envidiar a un cuento medieval, ni siquiera a las de la gran vikinga de ficción, la reina Sigrid del Capitán Trueno. Si la heroína de los tebeos era hija del rey Thornwald de la legendaria Thule, nuestra Cristina lo era, como ya se ha reseñado, del gran Haakon IV el Viejo de Noruega, al que debemos no solo la unificación definitiva de su país, sino la célebre carrera de esquíes conocida como la Birkebeinerrennet, que conmemora su salvación de niño durante las guerras civiles, en brazos de dos grandes guerreros (y esquiadores pioneros), Skevla y Skrukka. Cristina tuvo a su Trueno en la persona del infante Felipe. Su hermano Alfonso X la envió a buscar a sus frías tierras en el marco de su política de alianzas dinásticas, para consolidar sus aspiraciones imperiales en Europa. Se cuenta que sufrió mucho fuera de sus tierras de origen y que, como las ondinas de los cuentos de hadas, murió de melancolía. También se dice que destacó por su hermosura. ¿Era de verdad bella la chica del país del norte? Jesús Maeso nos dice que sí: "aparte del testimonio de Sturla Tordsson en su saga sobre Hakon Hakornarson (el nombre en nórdico antiguo del padre), parece que Jaume I, que era un gran galanteador, le tiró los tejos cuando la comitiva noruega hizo escala en Barcelona camino de la corte de Alfonso X". Maeso, le imagina una vida infeliz a la noruega en la corte castellana. La de su padre, cristianizada, no era ya una corte propiamente vikinga -como la que escandalizó en el siglo X al viajero Ibn Fadlan- porque los reyes hasta tenían sexo en público con esclavas durante las audiencias; pero debía de conservar un sano salvajismo que contrastaría con el encorsetamiento de las formas en la muy católica Castilla. Doña Violante, la esposa de Alfonso X, hija de otra princesa viajera, Violante de Hungría, era mujer de carácter y no sería extraño que tuviera roces con la escandinava. Maeso la describe aún semipagana, como debía serlo gran parte de la sociedad noruega bajo el barniz cristiano. Pero no era ninguna bárbara. "Hablaba idiomas y venía de una corte culta, aunque, claro, no comparable a las del sur de Europa, que eran ya prerrenacentistas. El choque cultural debió de ser grande". De su aspecto especula, suspirando: "Su nívea piel debía ser un asombro aquí y se decía que tenía los ojos profundamente azules, del color del cielo de su tierra".

Constatación práctica del *modelo geoestratégico templario*

En el capítulo que aquí termina y en el anterior se ha llevado a cabo una breve síntesis acerca del abolengo de los castillos que jalonan la Sierra de Aracena y Picos de Aroche, se han mostrado los perfiles esenciales de la conquista cristiana de la comarca y se ha repasado el proceso de asentamiento de la Orden del Temple en el entorno territorial más cercano a esta serranía, tanto al norte, con la conformación del Bayliato de Jerez de Badajoz, como, tras la toma de Sevilla, al sur de la hoy provincia de Huelva.

Gracias a ello, ha quedado dibujado con precisión el mapa de ubicación del Temple en el eje Badajoz, Huelva y Sevilla hacia mitad del siglo XIII. Esto ha servido, a su vez, para verificar la no presencia de la Orden en la Sierra de Aracena y Picos de Aroche; plantear una novedosa tesis acerca del origen del Castillo de Cortegana, que se configura como excepción que confirma la regla de esa no presencia templaria en la serranía onubense; y, muy especialmente, observar las características del modelo seguido por el Temple en su localización en tan amplio territorio.

Por fin, esto último ha permitido comprobar a través de un caso práctico las que de manera teórica se suelen estimar como principales señas de identidad del modelo geoestratégico templario:

+Examen minucioso de las ventajas comparativas del territorio del que se trate y su rentabilización mediante el emplazamiento de dominios y castillos: lo que ha podido constatar, por ejemplo, en la opción templaria por una salida a aguas del Océano

Atlántico, frente a la posible ampliación espacial del bayliato jerezano; o en la búsqueda de asentamientos intermedios que facilitarán la comunicación y la accesibilidad entre sus posesiones más alejadas -verbigracia, Villalba del Alcor en la ruta entre Sevilla y Lepe; o Cortegana, entre Jerez y La Rábida-.

+El gusto por la geometría en el diseño del mapa de ubicación de sus encomiendas, fortalezas y posesiones, plasmado de forma fiel en el triángulo configurado entre Jerez de los Caballeros, Sevilla y Lepe; en el arco del compás que une a estas dos últimas y pasa por encima de La Rábida y la Isla de Saltes; y en la perfecta línea recta que, atravesando Cortegana, relaciona el castillo jerezano con el monasterio de La Rábida.

+La equidistancia y las causalidades numéricas entre los emplazamientos, espectacularmente puesto de manifiesto en los 124 kilómetros, aproximadamente, que distan entre los principales componentes de las propiedades templarias en la zona (Jerez y La Rábida; Jerez y Sevilla; Jerez y Lepe; y, como arco de compás, entre Sevilla y Lepe).

+Y la preferencia por los recintos con raigambre espiritual y carga energética: materializa en este caso en la elección tanto de La Rábida como de la vecina Isla de Saltes.

Por tanto, hay que concluir que la llegada, expansión y afianzamiento del Temple en el vasto territorio conformado entre las hoy provincias de Badajoz, Huelva y Sevilla representa un caso práctico del modelo geoestratégico y del modus operandi que la Orden del Temple seguía en sus localizaciones territoriales.

CAPÍTULO V
DEL TEMPLE DE PARÍS AL CASTILLO DE JEREZ Y LA RÁBIDA: EL SANTO GRIAL Y LA LLEGADA DE COLÓN A AMÉRICA

El Santo Grial y el misterio de la transubstanciación

Abundan las controversias y los criterios más dispares en torno a dos asuntos relacionados con el Santo Grial, esto es, con la copa que Cristo Jesús usó en la Última Cena: primero, su significado profundo y, si se quiere, esotérico; y segundo, lo que ha sido de ella a lo largo de los dos mil años transcurridos desde entonces.

En lo relativo a su hondo significado, más que dar crédito a opiniones de terceros, lo sensato es acudir a los *Evangelios*, es decir, a los textos que narran de primera mano la vida pública de Cristo Jesús y aquella cena. En este marco, la copa se halla íntimamente ligada al *corpus verum*, *corpus christi* o *corpus naturale*, según lo descrito por el propio Jesús con la simbología del pan y el vino: "Luego tomó el pan, dio gracias, lo partió y lo dio a sus discípulos, diciendo: Esto es mi Cuerpo, que se entrega por ustedes. Hagan esto en memoria mía. Después de la cena hizo lo mismo con la copa, diciendo: Esta copa es la Nueva Alianza sellada con mi Sangre, que se derrama por ustedes" (*Evangelio de Lucas 22:19-20*).

Se trata de la transubstanciación o transustanciación -transformación de una substancia en otra, cambio interno-, basada en el sentido literal e inmediato de las palabras de Cristo en la Última Cena, las ya citadas del Evangelio de Lucas o las que se encuentran presentes en el Evangelio de Mateo (26:26-28) y en el Evangelio de Marcos (14:12-16 y 16:22-26). En el Evangelio de Juan (6:51-58) se hace mención a dar de comer su carne como alimento de vida eterna.

En la transubstanciación permanecen inalteradas las características sensibles del pan y del vino, esto es las "especies eucarísticas" (color, gusto, cantidad). Sin embargo, en la plegaria eucarística de la consagración, mediante la eficacia de la palabra de Cristo y de la acción del Espíritu Santo, acontece la inefable transfiguración de toda la sustancia del pan en la sustancia del Cuerpo de Cristo y de toda la sustancia del vino en la sustancia de su Sangre. Y el ser humano que eucarísticamente come y bebe no solo hace memoria de Cristo Jesús, sino que entra en sutil común-unión con él, desde él y por él.

Si en las bodas de Caná tiene lugar la transformación del agua en vino, lo que tiene su exponencial correlato con el bautizo en el Jordán y el descenso del Espíritu de Dios, en la Última Cena, con la simbología del cuerpo (pan) y la sangre (cáliz), acontece la transformación del agua en sangre, lo que halla su sublime expresión en la muerte en el madero, con el signo de la lanzada sobre el cuerpo, en el costado, de donde mana sangre y agua: "Uno de los soldados le clavó una lanza en el costado, y al instante salió sangre y agua" (Evangelio de Juan 19:34). Por lo que en la eucaristía y la común-unión se integran las bodas de Caná y la Última Cena, el Bautismo y la Transfiguración (cambio en la figura externa), la Muerte y la Resurrección, todo interactuando en la Explosión de Amor de la Transubstanciación. La esencia, naturaleza, causa y consecuencias de la transubstanciación son radicalmente inaccesibles e incompresibles para los seres humanos en los que lo crístico no haya empezado a brotar, a manar, a hacerse de algún modo presente. De ahí precisamente que personas alejadas de lo crístico asignen a la copa que Cristo Jesús utilizó pretendidas simbologías y teóricas propiedades que pueden parecer importantes para quien no ha avanzado por el sendero espiritual, pero que resultan insignificantes y hasta ridículas para el que ha perseverado en ese camino y abre a Cristo su corazón.

Y, desde luego, los miembros del Temple más interior e inefable profundizaron en ese camino, por lo que sabían de la transcendencia de la copa en razón de la reiterada transubstanciación. Esto les llevó primero a buscar con ahínco el Grial y, posteriormente, a custodiarlo con denuedo y veneración.

Los custodios

¿Qué ha sido del Santo Grial en los dos mil años transcurridos desde la Última Cena? Para responder en parte este interrogante conviene barajar media docena de hipótesis derivadas todas ellas del sentido común:

1º. Para empezar, resulta obvio pensar que un objeto tan sagrado y emotivo fuera bien guardado y preservado por los discípulos de Jesús.

2º. Es igualmente probable que uno de entre ellos o alguien perteneciente al círculo más íntimo de Jesús se encargara de su custodia mientras tal misión le fuera posible.

3º. A partir de ahí, es lógico que la copa fuera pasando históricamente por una sucesión de "custodios", esto es, hombres y mujeres conscientes de la envergadura espiritual del objeto material y que lo fueron conservando y reverenciando de generación en generación.

4º. Dado lo que sabemos del Temple, es prácticamente seguro que hallar el Grial estuvo entre sus prioridades; y que al lograrlo, dirigió sus indagaciones, empleando a tal fin sus múltiples recursos humanos y materiales.

5º. Localizado el custodio, cabe con rigor suponer que la Orden le ofreció sus servicios para garantizar la protección de la copa, sin descartar que el custodio, en caso de ser varón, se integrase y perteneciese al Temple.

6ª. Llegando así el Grial a manos templarias, es sensato deducir que lo escondieran, cuidaran y vigilaran en la sede del Temple en París, donde la Orden guardaba sus principales documentos, reliquias y tesoros y donde la copa, por sus connotaciones espirituales, se configuró como la más preciada de sus riquezas.

Los dos convoyes que abandonaron París poco antes del asalto al Temple

Y en el Temple de París debía estar el Grial en los días en que la sede templaria fue asaltada, como se detalló en el primer capítulo, el viernes 13 de octubre de 1307.

Sin embargo, tras la ocupación del edificio, las huestes del rey galo no encontraron nada, mucho menos los documentos secretos y las reliquias y tesoros de la Orden que en aquel lugar se habían tenido a buen recaudo.

Los templarios allí residentes fueron encarcelados e interrogados mediante tortura. Se pudo desvelar así que el Gran Maestre de la Orden había tenido conocimiento de la inminencia del asalto días antes de que se produjera y que puso a salvo todo lo de valor en un convoy que salió de París la noche antes del allanamiento. De este modo, el Archivo Secreto del Vaticano conserva un documento que da fe de la declaración ante el papa, en junio de 1308, del templario Jean de Châlon, que afirmó que, en la víspera de aquel viernes 13, "un cortejo de carros cubiertos de paja había salido del Temple de París acompañado de Gérard de Villiers, preceptor de Francia".

¿Hacia dónde se dirigió este cortejo? Las primeras investigaciones del papa y el rey mostraron que el convoy, tutelado por John Mark Laermanius, caballero templario británico, fue embarcado para surcar el Sena y continuar después rumbo a Gran Bretaña, atravesando el Canal de la Mancha, y ponerse a salvo al norte de la isla, en Escocia, donde el monarca francés no podía llegar y la capacidad de acción e influencia del papado eran pequeñas. De hecho, Inglaterra mantenía en aquella época importantes rencillas políticas tanto con el trono de Francia como con el Vaticano.

Ahora bien, para dificultar su seguimiento, la Orden interior templaria no solo puso en marcha una comitiva en la noche del 6 al 7 de octubre de 1307, sino que, al unísono que la citada, del Temple de París partió otra encabezada por Humbert Blanc, preceptor de Auvernia, con dirección a Aquitania, región gala por entonces bajo dominio inglés, para seguir posteriormente más al sur, cruzar los Pirineos, atravesar la Península Ibérica, y arribar a la mayor encomienda en esta de la Orden, el Bayliato de Jerez, desde donde se organizaría el traslado del cargamento a las vecinas costas atlánticas y, de allí, al Norte de África, en poder musulmán y donde el Temple contaba con aliados leales.

Solo uno de estos dos convoyes era el auténtico, esto es, solo uno transportaba realmente los documentos, reliquias y tesoros más sobresalientes del Temple, entre ellos, con toda seguridad, el Santo Grial.

¿Cuál era el verdadero?

Aunque no de inmediato, Clemente V y Felipe IV tuvieron constancia finalmente de la existencia del segundo de los convoyes. Y sus pesquisas lo llevaron a centrarse en él por entenderlo el verdadero, buscando hacerse con su contenido. Fue así como, tras conocer su ruta, el pontífice sumó a su causa a Fernando IV de Castilla, localizando la presencia del transporte en el Bayliato de Jerez de los Caballeros.

Esto explica una circunstancia singular: con carácter general, los templarios no usaron la fuerza en defensa de sus posesiones y esta regla tuvo escasas excepciones. Una de ellas, quizás la de mayor duración y la más sangrienta, fue el Castillo de Jerez, en el que los templarios se hicieron fuertes, negándose a entregarlo, ofreciendo una heroica resistencia y soportando un prolongado asedio.

Las crónicas oficiales indican que nunca se supo el porqué de esta inusual defensa y de tan épico comportamiento. Sin embargo, la razón es que protegían los documentos, reliquias y tesoros, entre ellos el Santo Grial, que habían recibido del Temple de París.

Un largo asedio bien aprovechado

Y el largo asedio por las tropas reales fue aprovechado por Juan Bechao, Maestre del Temple en Jerez, para ampliar y extender varios kilómetros hacia el sur las galerías subterráneas que ya existían en el subsuelo del alto en el que se sitúa el castillo. Terminadas las obras, un voluminoso cargamento de cajas transitó estas galerías hasta salir a la superficie, ya a la suficiente distancia de Jerez como para no ser visto por las tropas que cercaban la fortaleza, y tomar rumbo hacia la serranía onubense en dirección a la costa atlántica.

Juan Bechao aguantó el asedio a la fortaleza hasta que lo anterior estaba conseguido. Finalmente, él y sus monjes-guerreros fueron acorralados en la Torre del Homenaje del castillo. Y la frustración de los que la tomaron, al no encontrar nada en su interior de lo que buscaban, los llevó a decapitar salvajemente a todos los templarios, arrojando sus cuerpos al vacío desde las almenas. El reguero de sangre que esto provocó, cayendo sobre las paredes exteriores de la torre, fue de tal calibre que a la Torre del Homenaje del Castillo de Jerez de los Caballeros aún hoy se le conoce popularmente como "Torre Sangrienta" o la "Torre Ensangrentada".

El cargamento que logró escapar de Jerez siguió un rumbo que la Orden se había preocupado en diseñar y preparar como ruta segura varias décadas antes: la que, con 124 kilómetros de longitud, pasa por Cortegana y conduce a La Rábida y a la Isla de Saltés y, de ahí, a las vecinas costas africanas.

> **Fernando IV "el Emplazado"**
>
> Fernando IV de Castilla falleció el día 7 de septiembre de 1312, pocos meses después de caer en sus manos y en las del papa el Castillo de Jerez de los Caballeros. Fue en la ciudad de Jaén y sin que nadie le viera morir.
>
> La historia y la leyenda se han entrelazado indisolublemente en lo concerniente a la defunción del monarca, que recibió tras su fallecimiento el sobrenombre de "el Emplazado", a causa de las circunstancias misteriosas en que se produjo el mismo, acontecida a los 30 días de que en la ciudad de Martos ejecutara a los hermanos Carvajal, que emplazaron al rey a una pronta muerte antes de ser ejecutados.
>
> El padre Juan de Mariana, reconocido escritor e historiador del siglo XVII, describió la condena y ejecución de los hermanos Carvajal y estableció por primera vez la posible relación existente entre la leyenda del emplazamiento ante el Tribunal de Dios de Fernando IV y los emplazamientos sufridos por el papa Clemente V y el rey de Francia Felipe IV.

El "Descubrimiento" ...

Y dando un salto en la historia, ¿serían algunos de estos documentos los que Cristóbal Colón pudo conocer cuando recaló en el Monasterio de la Rábida? ¿Encontraría en ellos la ratificación o, incluso, el impulso de sus indagaciones y su proyecto transoceánico?

Recuérdese que Colón llegó a La Rábida a finales de 1484 o comienzos de 1485, esto es, unos 170 años después de que el Temple abandonara forzosamente el monasterio por la supresión de la Orden. En términos históricos no es, ni mucho menos, un tiempo excesivo.

¿Encontraría allí el luego almirante documentos que ratificaran o, incluso, promovieran sus indagaciones y su proyecto transoceánico? ¿Fueron estos documentos, guardados durante décadas en el recinto, y conocidos por los monjes franciscanos que lo ocuparon tras los templarios, los que fray Antonio de Marchena puso a disposición de Colón y los que llevaron al religioso franciscano a recomendarlo ante Hernando de Talavera, confesor de la reina Isabel I? ¿Fue el acceso de la soberana a estos textos y mapas lo que le condujo a comprometerse de forma tan notable con el proyecto transoceánico? Existe la leyenda de que incluso financió el viaje mediante la venta de sus joyas, a pesar de la franca oposición al mismo de la Corte y los científicos.

¿Meras especulaciones? De ningún modo. Son cuantiosos los datos e informaciones relativos a la gran flota naval que el Temple llegó a conformar, siendo verosímil que arribara al continente americano mucho antes que Colón. De hecho, la Orden construyó navíos, controló puertos, armó mercantes, organizó pesquerías y factorías de salazón, practicó el comercio marítimo, inventó el barco de pasajeros al especializarse en el transporte de peregrinos a la Meca, etcétera. Y está acreditada su presencia en el archipiélago de Cabo Verde, donde se halla el punto de África -hoy isla de Santo Antao, la segunda en tamaño del archipiélago- más al oeste y próximo a las costas americanas.

Los monjes-guerreros establecieron una serie de rutas marítimas que salían de varios puertos europeos (Norte de Europa, Flandes, Francia, Italia, Portugal, España). Como señala la investigadora María Lara Martínez, "el objetivo de estos buques era el comercio y la guerra. Los templarios controlaban las comunicaciones gracias a que, como estudiosos que eran, habían aprendido las claves de la navegación de los fenicios. Tenían una gran armada fondeando en los puertos mediterráneos y atlánticos (en la parte francesa). Esta visión a larga distancia del orbe, junto a la capacidad logística, proporcionaba supremacía si consideramos que, por entonces, el común de los mortales estimaba que en el Estrecho de Gibraltar estaban las Columnas de Hércules, es decir, que no había tierra más allá".

El misterio de la flota templaria

A todo esto, hay que añadir el llamado misterio de la flota templaria. Tiene su fundamento en la circunstancia de que, inmediatamente después del asalto al Temple de París, multitud de caballeros templarios, perseguidos y amenazados por las tropas de Felipe IV, huyeron en 13 barcos enarbolados con la Cruz Petada -la cruz templaria, en la que se entrara en detalles en un próximo epígrafe-. Hay constancia de que partieron del puerto de La Rochelle (bien protegido por 35 encomiendas templarias en un radio de 150 kilómetros, más una casa provincial en la propia villa). ¿A dónde se dirigieron? A pesar de la envergadura de la flota y del interés del papa y de los reyes en descifrar el destino, los barcos y los templarios desparecieron sin dejar rastro y, en la actualidad, se sigue sin saber a ciencia cierta a dónde viajaron.

¿Dónde desembarcó la flota templaria? Diversos investigadores apuntan a Portugal, Escocia o Sicilia como posibles destinos. Pero parece obvio que antes o después, si cualquiera de estos territorios hubiese sido el elegido, se hubiera sabido, siendo más probable que navegaran a un destino oculto en busca de seguridad y asilo. Por ello gana fuerza la hipótesis de que los buques de la Orden del Temple cruzaron el Atlántico para arribar a unas costas americanas que ya les eran conocidas.

Y esta posible llegada del Temple a América mucho antes que Colón engarza con otro tema aparentemente diferente, pero estrechamente ligado: el oro templario.

El oro templario

En los inicios de la Orden, los propios caballeros se costeaban la totalidad de sus gastos. No obstante, cuando el Temple fue creciendo y extendiéndose, se vio en la necesidad de pertrechar adecuadamente -caballos, armamentos, alimentos, vestimentas- a sus cada vez mayores huestes. Para ello implementó un sistema de donaciones por parte de la nobleza, siendo San Bernardo el encargado de influir en ella, logrando multitud de donativos. Y al constatar que el dinero empezaba a llegar, lo que les permitía desarrollar mejor su misión, el primer gran maestre de la Orden, Hugo de Payns, acometió una gira por Francia, Escocia, Gran Bretaña y Flandes para conseguir apoyo económico. El resto de fundadores hicieron lo mismo por el sur de Francia y España. Esta labor fue clave en la preparación de la Orden para todos los frentes que se le iban abriendo. Y lo que se iba recaudando se depositaba en su mayor parte en el Temple de París. Las donaciones no siempre fueron dinerarias, sino que la entrega de joyas y tierras se hizo lo más habitual. Con todo ello, los caballeros templarios lograron tener, en sus dos siglos de existencia, cientos de castillos, numerosas ermitas e iglesias y miles de granjas y casas rurales.

Pero la riqueza del Temple no cesó de crecer al ritmo de sus victorias y también cuando estas dejaron de suceder, llegando a sostener un ejército de 30.000 hombres (sin contar escuderos, sirvientes y artesanos) y la flota naval antes mencionada. ¿Bastaban las citadas donaciones para financiar tamaña estructura y para justificar tanto patrimonio, donde el oro se consolidó como el tesoro fundamental? Téngase en cuenta que la Orden fue pionera en lo que a banca se refiere y creó lo que hoy sería un sistema de créditos bancarios (a reyes, señores feudales, obispos), una red de "cajeros automáticos" (usaba sus encomiendas, iglesias y monasterios a modo de "cajeros automáticos" para evitar que los que viajaban fueran saqueados al llevar el dinero encima, pudiéndolo dejar en alguna encomienda o lugar protegido por los templarios y retirarlo cuando lo necesitaran, a cambio de una comisión, en cualquier otro enclave de la "red"); y hasta un precedente del "dinero negro" (al estimarlo un práctica judía, la Iglesia tenía prohibido el cobro de intereses, pero el Temple sí lo hacía en los prestamos que concedía a los comerciantes mediante la fórmula de poner en el contrato una cantidad superior a la prestada).

¿Dónde conseguía el Temple tantos recursos, especialmente metales preciosos como el oro a la cabeza, que multiplicaban en mucho a lo logrado mediante donaciones? Demasiado se ha elucubrado al respecto, pero las teorías comúnmente barajadas no sirven para responder la pregunta con solvencia. Esto lleva a blandir de nuevo la hipótesis ultramarina, esto es, que la Orden había logrado abrir, posiblemente en el último tramo del siglo XII o inicios del siguiente, una o más rutas al continente americano, donde el oro, como constatarían tiempo después los conquistadores españoles, era abundante.

De este modo, a mediados del siglo XIII, se habría convertido en habitual para la Orden la llegada de cargamentos de oro y otros metales preciosos procedentes de América. Pero estando el Temple extremadamente interesado en mantener en secreto el origen de su oro, evitando así la injerencia y la competencia de los reyes europeos, topó con dos problemas: la suma discreción con la que debían realizar un tráfico marítimo tan importante; y dar una explicación "lógica" que, aun siendo falsa, acallara potenciales habladurías sobre tal origen.

Es aquí donde la Isla de Saltés aparece con fuerza como objetivo territorial templario, justificando el interés en hacerse con ella en el marco del ya comentado repartimiento del Reino de Sevilla. Y es que, recuérdese:

+La Isla de Saltés está conformada por la desembocadura en el Océano Atlántico de los ríos Odiel y Río Tinto, bajando por este los minerales que se extraían de la cercana serranía onubense, en general, y de la hoy denominada comarca de la Cuenca Minera, en particular. De este modo, la posesión de la Isla podía argüirse frente a terceros como fuente de los metales preciosos que el Temple atesoraba, aunque estos realmente vinieran de tierras americanas.

+Pero es que, además, la Isla poseía un buen número de canales que continúan visibles en la actualidad y que, en medio de la profusa vegetación descrita por el geógrafo musulmán Al-Idrisi, constituían un lugar idóneo para, de manera oculta para miradas ajenas, recibir a las naves cargadas de metales procedentes de América, justificando que venían vacías de puertos europeos, y darle salida pasado unos días durante los que teóricamente habrían embarcado los metales de la serranía de Huelva.

La Cruz Patada en las velas de las carabelas y la carta de Hernán Cortes

La Cruz Patada es, quizás el símbolo más representativo del Temple, destacando por su forma y por su color:

+En lo referente a su forma, tanto el palo como el travesaño tienen el mismo tamaño, como una Cruz Griega, pero, a diferencia de esta, los brazos son más anchos en los extremos y más estrechos conforme se acercan al palo. Es así como la cruz cuenta con ocho puntas, lo que lleva de nuevo a la relación de este número con el Temple y significa muy especialmente el compromiso de la monjes-guerreros templarios con el ejercicio en su vida cotidiana de ocho prácticas extraídas de las de *Bienaventuranzas* enseñadas por Jesús en el *Sermón de la Montaña*: tener el corazón puro; ser misericordioso; desplegar una vida sencilla ("alma de pobres"); no temer las aflicciones; ser pacientes, actuar por la Paz y por la Justicia; hacerlo aun a costa de ser insultado, calumniado o perseguido; y no irritarse contra los hermanos, ni maldecir ni insular a nadie, reconciliándote con quien tenga una queja contra ti.
+En cuanto al color rojo, representa el íntimo vínculo templario con Cristo Jesús, ya manifestado en la propia elección de la cruz como signo, pero subrayado con un color que recuerda a su sangre derramada en martirio, además de ofrecer connotaciones en términos de pureza, fuerza y valor.

El origen de la Cruz Tapada roja se remonta a la misma fundación del Temple, siendo en 1147 cuando la Orden obtiene el permiso del papa Eugenio III para utilizarla como símbolo. A partir de ahí, los caballeros templarios la lucirían en su vestimenta, en un manto blanco sobre el hombro izquierdo encima del corazón.

Siendo esto así, es un hecho confirmado que Cristóbal Colon engalanó las velas de sus famosas tres carabelas con la Cruz Patada templaria. ¿Por qué lo hizo?

Al hilo de lo enunciado anteriormente, es posible que en reconocimiento a la Orden y en señal de gratitud a la misma por los documentos que halló en La Rábida y que fueron determinantes, como se ha expuesto, para poder acometer su proyecto. Un gesto que, sin duda, honraría al almirante, pues, no debe olvidarse que el Temple había sido perseguido y hasta disuelto por bula papal 180 años antes de la partida de las carabelas hacia el "nuevo mundo".

Ahora bien, sin descartar lo anterior, también es factible que a Colón lo motivara una circunstancia menos noble, buscando tan solo que, al arribar a las costas americanas, las gentes de allí lo recibiesen como amigo al contemplar en las naves una insignia que les era familiar, dada la presencia de caballeros templarios en aquellas tierras tanto antes como después de la disolución de la Orden.

Como afirma la investigadora María Lara Martínez, "la leyenda dice que, cuando los conquistadores españoles llegaron a la Península del Yucatán, escucharon que unos hombres blancos ya habían estado allí y que habían entregado su conocimiento a los nativos. Otra hipótesis afirma que, de acuerdo al testimonio de religiosos que acompañaron a Colón, los nativos no se extrañaron al divisar las cruces de los guerreros porque ya las conocían. Además, las culturas prehispánicas tenían asumida la idea de que "llegará un día en el que vendrán por mar grandes hombres vestidos de metal que cambiarán nuestras vidas para bien". Finalmente, también se sabe que los mayas adoraban a Kukulkán, un dios blanco y barbado. Constatación insólita porque esta cultura la formaban hombres lampiños por genética y adaptación al medio".

Y sobre la presencia de los caballeros templarios en el continente americano, ¿serían los referidos por el emperador Moctezuma a Hernán Cortes cuando salió a su encuentro y, lejos de presentarle batalla, reconoció al extremeño como príncipe, instalándolo tal cual, en la capital de su Imperio, y se declaró súbdito del monarca español? El propio Hernán Cortes, en la Carta II dirigida a Carlos V, narra lo que le dijo Moctezuma: "Hace tiempo sabemos por los títulos que nos han legado nuestros padres que ni yo, ni ningún habitante de este país somos originarios de él; somos extranjeros venidos de muy lejos bajo los estandartes (¿la Cruz Patada templaria?) de un rey (¿un Gran Maestre de la Orden?) que volvió a su país después de la conquista y permaneció tanto tiempo sin regresar a esta tierra que, cuando volvió, sus súbditos (¿caballeros templarios?) habían formado ya aquí una numerosa población".

Y atendiendo a todo lo que se acaba de exponer, ¿fue realmente el Reino de Sevilla "el último reino templario" o quizá lo fue el posteriormente llamado *Nuevo Mundo*, en el que numerosos templarios hallaron refugio y acomodo tras el hostigamiento papal y real a la Orden y su disolución oficial?

Hay que sumar todas estas incógnitas a las otras muchas que plantea la historia del Temple. Y existen indicios sobrados como para barajar la hipótesis de que estos fueran los hechos verdaderos, aunque hayan sido todavía poco investigados y, lo que es más grave, exista poco o ningún interés en hacerlo.

BIBLIOGRAFÍA

AA.VV. *La ruta de los castillos. Sierra de Aracena y Picos de Aroche.* Diputación Provincial de Huelva, 2006

Alonso, J. Felipe. *Diccionario de Ciencias Ocultas.* Editorial Espasa Calpe, 2000

Álvarez de Toledo, Isabel. *África versus América* Centro de Documentación y Publicación de la Junta Islámica, 2007

Atienza, Juan. *La meta secreta de los templarios.* Martínez Roca, 1979

Montes y simas sagrados de España. Edaf, 2000

Borrero, Mercedes; González, Manuel; y Montes, Isabel. *Sevilla en tiempos de Alfonso X el Sabio* Ayuntamiento de Sevilla, 2000

Carrillo, Emilio. *La vía verde y los castillos del sur de la provincia de Sevilla.* Sociedad Provincial de Turismo de Sevilla, 2004

El NO8DO de Sevilla: origen y significado. RD Editores, 2004

Los códigos ocultos. RD Editores, 2005

La Orden del Temple: un nuevo descubrimiento. Editorial Ituci Siglo XXI, 2009

La expansión de la Orden del Temple en Badajoz, Huelva y Sevilla (1230-1312). Revista Digital *Abacus* (www.abacus.org.es), Núm. 3, Julio-Septiembre 2010.

Carrillo, Emilio y Martínez, Malena. *El último reino templario.* Ediciones Guadalturia, 2012

Cordero García, Víctor. *Historia real de la Orden del Temple: desde el siglo XII hasta hoy.* Punto Rojo, 2013

Cuesta, Juan Ignacio. *Piedras sagradas.* Nowtibus, 2008

Degris, Alain. *Misterios y Revelaciones.* Belaqva de Ediciones y Publicaciones S.L. 2002

De la Riva, Antonio. *La cara oculta del Temple.* Lunwerg Editores, 2002

De la Rosa, Julio Manuel. *El Ermitaño del Rey.* Algaida, 2007

De Dios, Carla. *Turismo por Andalucía.* www.gulliveria.com 2008

Demurger, Alain. *Auge y caída de los templarios.* Martínez Roca, 1986.

Dumas, Alejandro. *Los caballeros templarios.* Pirámide (Biblioteca de El Sol), 1992

Faligot, Urbain. *Los cátaros: Del rigor a la pureza.* Editorial de Vecchi, 2001

García, José Manuel y Fernández, Jordi. *Guía secreta de Sevilla: esoterismo en la Catedral de Sevilla.* La Máquina China, 2008

Guirdham, Arthur. *La Gran Herejía: Historia y creencias de los Cátaros.* Ediciones Obelisco, 1998

Hatcher, David. *El secreto de Cristóbal Colón: la flota templaria y el descubrimiento de América.* Ediciones Nowtilus, 2005

Hernández Garvi, José Luís. *Los Cruzados en los reinos de la Península Ibérica.* Edaf, 2013

Lara Martínez, María. *Enclaves templarios.* Edaf, 2013

Maeso de la Torre, Jesús. *La cúpula del mundo.* Editorial Grijalbo, 2010

Martínez, Gonzalo. *Los templarios en la Corona de Castilla.* Olmeda, 1993

Martínez, Gonzalo. *Los templarios en los reinos de España.* Editorial Planeta, 2002

Martínez, Matías Ramón. *El Libro de Jerez de los Caballeros.* Junta de Extremadura, 1993

Martínez, Malena. *El misterioso templo de Salomón.* Editorial Séneca, 2008

Martos, Ana. *Pablo de Tarso ¿Apóstol o hereje?.* Nowtibus, 2008

Morales, Alfredo. *Arquitectura medieval de la sierra de Aracena.* Diputación Provincial de Huelva, 1976

Palacios, Bonifacio. *Colección diplomática medieval de la Orden de Alcántara (1157?-1494).* Universidad Complutense de Madrid, 2000

Pérez-Embid, Javier. *Aracena y su sierra: la formación histórica de una comunidad andaluza (siglos XIII-XVII).* Diputación Provincial de Huelva, 1995

Robrenyo, Montserrat. *Los caminos de las Vírgenes Negras.* Boletín *Temple* (Revista electrónica de la Sociedad de Estudios Templarios y Medievales Templespaña), junio 2003

Romero, Juan Antonio. *Los templarios en el Reino de Sevilla.* La Máquina China, 2005

Rutherford, Ward. *El Misterio de los Druidas.* Ediciones Martínez Roca, 1994

Sánchez, José María y Valor, Magdalena. *El Castillo de Cortegana.* Asociación de Amigos del Castillo de Cortegana, 2004

Sánchez, Juan Gallego. *Guía esotérica de la Catedral de Sevilla.* Editorial Castillejo, 1997

Sánchez-Oro, Juan José. *Ciudad Rodrigo y los templarios.* Ayuntamiento de Ciudad Rodrigo, 2004

Séde de, Gérard. *Los templarios están aún con nosotros* Editorial Sirio, 2002

Soriano de Torres, Faustino y García Manzano, José Antonio.. *Templarios.* www.vision.net 2005

Uvalle, Rogelio. *Historia completa de la Orden del Temple.* www.lulu.com 2008

Vidal, César. *El Documento Q.* Planeta, 2006

Walter, Martin. *Historia de los templarios.* Edicomunicación, 1993

Editado en la Montaña de los Ángeles

Equinoccio de Primavera 2022

∴

Los beneficios editoriales de esta obra van destinados
a la Fundación Dharana y sus proyectos:

WWW.DHARANA.ORG